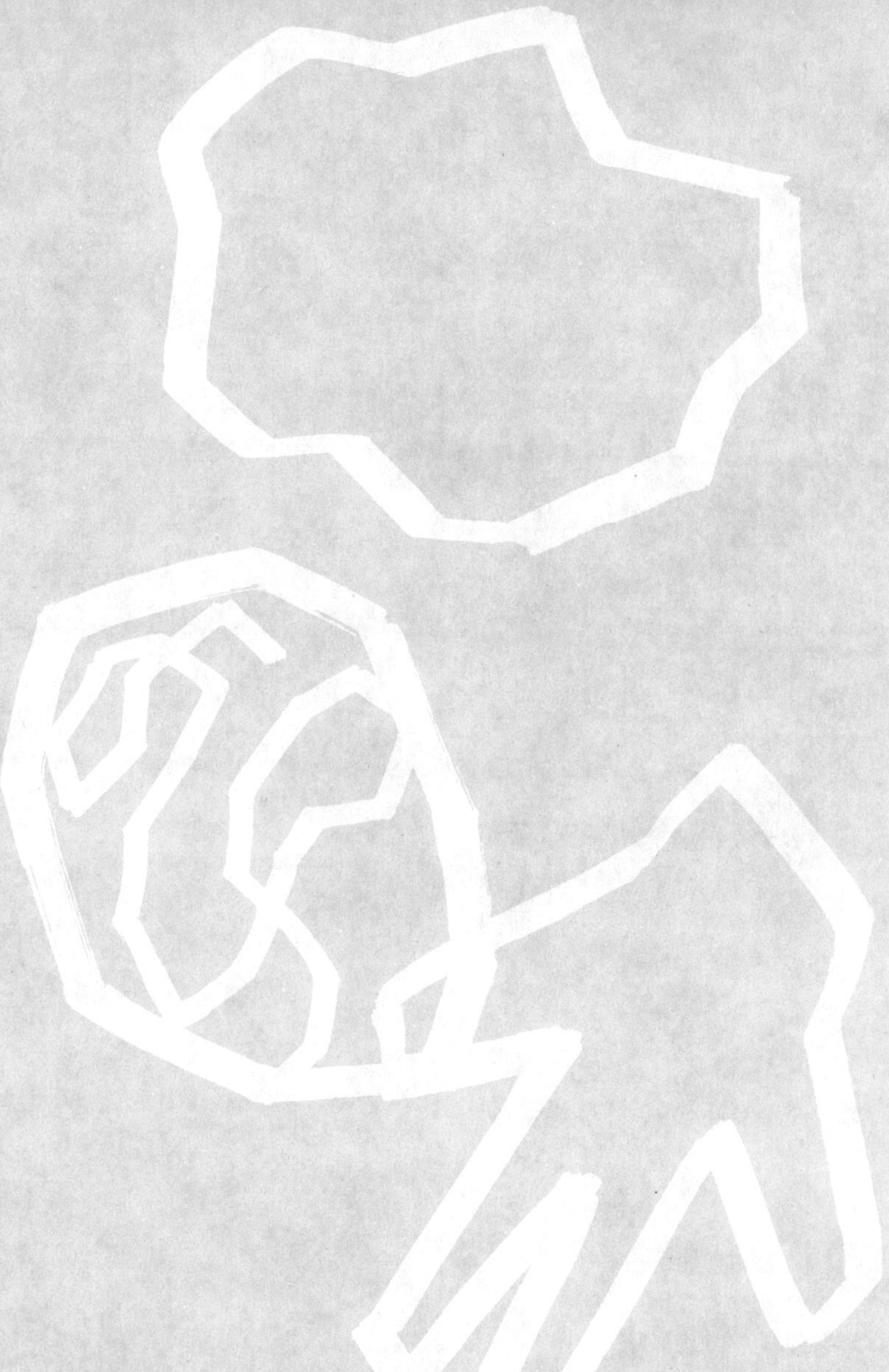

感情の民俗学

泣くことと笑うことの正体を求めて

畑中章宏

イースト・プレス

人は昔、
「ぴえん」と
泣いていた。

はじめに

感情については、これまで、数えきれないほどたくさんの本が書かれてきました。なぜそれほど多くの本が書かれてきたかというと、多くの人が、感情をつかみづらいと感じているからです。「感情に左右されている」「感情にもてあそばれている」「感情をコントロールすることがむずかしい」……。この本を手にしたあなたも、きっとたぶんそんな人なのでしょう。

でも、そもそも感情は、どこにあるのでしょうか?

感情のありかをみきわめようとするとき、感情が「こころ」に属するという人と、「からだ」に属するという人がいるようです。

たしかに、感情が「こころ」にあるか、「からだ」にあるかによって、感情への対処のしかたが変わってきそうです。

「こころかからだか」は、「心理現象か生理現象か」といいかえることができるでしょう。しかし、感情を発生地点をみることで、その本質に近づくことができるものでしょうか。また、感情を心理や生理としてあつかわず、哲学の対象として感情を概念的にとらえて考察することもさかんにおこなわれています。いってみればそれは、感情を「あたま」で分析し、理解しようとする立場だといえるでしょう。

いずれにしても、感情が人間のどこから生まれてくるのかがはっきりとしているのなら、感情は御《ぎょ》しやすいような気がします。ですから、感情は私たちの内側にあるのか、外側にあるのかについて疑問を抱いてみてもいいかもしれません。

たとえば、感情は私たちの外側に存在し、私たちの内側を侵食している、と考えてみるとどうでしょうか。

あるいは、感情はすぐれて歴史的なものであり、心理や生理とは異なる次元で発生し、変化してきたものであるという考えかたは、突飛でも、不自然でもありません。ですから、そうした切り口から「感情の歴史」を叙述した本も登場してきています。

そうした感情の歴史のなかで、近年、涙を流して泣く意味を表わす、「ぴえん」という言葉がはやったことがあります。でももういまでは、「ぴえん」という泣きかたは下火になりました。でももし、何十年か経ってから、この時代のコミュニケーションツールで交わされた、感情表現を省みる人がいたとしたら、「昔の人は、ぴえんと泣いていた」というふうに叙述するかもしれません。そしてその頃には、新しい泣きかたが生まれていても、おかしくはないのです。

感情は政治的であったり、経済的であったりもします。政治的条件、経済的条件によって、感情は左右される。そのため「感情と民主主義」や、「感情と資本主義」といった問題設定も成り立つことでしょう。

前置きはこれくらいにして、そろそろ本論に入りたいと思います。

ここからは、感情が「どこからくるのか?」、感情が「なになのか?」、そして感情は「どこへ行くのか?」という3つのパートから、その〝正体〟に近づいていくつもりです。

II 感情とはなになのか？

III 感情はどこへ行くのか？

I

感情はどこからくるのか？

1 感情は意外と新しい

感情のはじまり

多くの人がふりまわされ、コントロールしにくいと感じている感情は、いったいどこから湧いてくるのでしょうか。「こころ」か「からだ」か、あるいはほかのどこからかなのでしょうか。また感情は、私たちの内側から湧きおこり、溢れだしてくるものではなく、私たちの外側にあるのではないか。感情についてはこんなふうに、さまざまな仮説を立てることができます。ただこうした問題を考えてみる前に、感情はいつはじまったのか考えてみることが必要かもしれません。

「人類が発生したときから、感情はあるに決まっている」、「動物にも感情があるにせよ、人間の感情について語ってくれるのではないか」といった声が聞こえてきそうですが、人類がはじまって以来、感情がまったく変化しないままできたのかについては、じゅうぶんに考慮すべきことだと思います。

もう少しわかりやすく説明すると、たとえば日本列島の旧石器時代に暮らした人びとと、古代を過ごした人びとと、中世、近世に生活を営んだ人びととでは、感情の表わしかたが同じだったのでしょうか。あるいは過去の私たちは、近代以降の時代を生きる私たちのように感情をとらえていたのでしょうか。

人類の発生以来、感情というべきもの（こと）はおそらくあったでしょう。しかし、文字をもたなかった時代の人びと、なにかしらの記録や文学作品を残していない人びとが、時と場合によって、どのような感情を抱いたのかを知る方法はないのです。

*

「感情は歴史的なものである」という見方は、ヨーロッパの歴史学では何年も前から提起されていて、『感情の歴史』（フランス）、『感情史の始まり』（ドイツ）、『感情史とは何か』（イギリス）といった本が出されています。ただこういった問題意識が顕著になったのは、21世紀に入ってからのことです。

問題の意識化が感情を生みだしたわけでないことはいうまでもありませんが、こうした研究が世に問われるまで、「感情は歴史的なものである」と思われていなかったことになります。それでも、感情の表わしかたが現代人と過去の時代の人びととでは違っているといったことなら想像がつきやすいのではないでしょうか。

「感情は歴史的なものである」という問題意識、問題設定の背景には、ある時代までの人びとは感情を感情だと思ってはいなかった、感情を意識していなかったという仮説があります。こんなふうにいうと、わけがわからなくなってしまいそうですが、過去の人びとは私たちのように泣いたり、私たちのように笑ったりしていたのではないかと考えることも可能なのです。

感情は私たちの外側にある

ところで、「感情は歴史的なものである」という見解を示した、日本語で書かれた本に

1　感情は意外と新しい

どのようなものがあるかというと、「民俗学」の本のなかにあります。ただしそれは、「歴史的」というのとは違って、「民俗的」としかいえないものなのです。

それでは「民俗的」とはなにかというと、それはこの本の答え、あるいは結論をここでいうことになってしまいます。

「感情は歴史的なものである」という見方と、「感情は民俗的なものである」という見方に共通するのは、感情は私たちの内側から生まれてくるだけではない、という点でしょうか。

感情が私たちの外側にある要因に左右されることはいうまでもありませんが、泣いたり、笑ったり、怒ったりすることが、私たちの主体的な意思によってなされているわけではない。私たちを取りまく時代や環境、私たちが生きる民俗によって制約を受け、また時代や環境に向けて感情を表わしているとは考えられないでしょうか。

また別の見方をするなら、感情は関係性の網の目のなかから生まれてくるのだとみることもできます。

たとえば「さびしい」という感情にしても、他者との関係性から孤立していることがひとつの原因だ考えられます。しかし、私たち以前の過去に生きていた人びと、あるいは私たちとは違う環境や民俗に暮らしている人びととでは、「さびしさ」そのものが違っているかもしれない。

「さびしい」と感じることを、他者との関係が途絶えたり、乏しかったりすることによる内面的な現象（作用）だとみるだけではなく、「さびしさ」を歴史的、民俗的文脈のなかにおいてとらえると、「さびしさ」は私たちの外側にあると考えることができるのではないでしょうか。

　感情は、こんなふうに生理や心理とは異なる文脈に左右されていると容易に想像できるのですが、ここからはさしあたって、「こころ」と「からだ」の問題として考えていきたいと思います。

2 ありかを探して

感情は「からだ」に属する

感情がこころの問題か、からだの問題かを考えるにあたって、東洋医学の感情観察をみていきましょう。私たちと比較的身近な東洋医学では、感情が内臓に密接なつながりがあると考えているようなのです。

感情の変化によって五臓がダメージを受け、不調におちいってしまう。過剰なストレスや無意識に我慢して溜めこんだ感情が高まりすぎると、内臓に影響し、血の流れやエネルギーの流れを阻害し、病気の原因のひとつになりうる。

東洋医学では感情は、「怒」「喜」「思」「憂」「悲」「恐」「驚」の7つに分けることができ、怒は肝、喜は心、思（思い悩む）は脾《ひ》（消化器系）、憂と悲は肺、恐と驚は腎といったように、感情と五臓の関係性を「五志」という概念でとらえてきました。これは、私たちが日常的に、からだの一部を使った慣用句を使うことなども、からだと感情の結びつきを想像させます。

日本語教育学者の荻原稚佳子さんによると、日本語では「心臓」を使った慣用句は少なく、「厚かましさ」「ふてぶてしさ」を表わす、「心臓が強い」「心臓に毛が生えた」くらいだといいます。それにたいして「胸」は、「胸が熱くなる」「胸が裂ける」「胸が一杯になる」「胸がすく」など、「情」を表わすときにたとえとして使われている。

また「頭」は、「頭がいい」「頭が切れる」のように知性や脳の働き、「腕」は、「腕が立つ」「腕に覚えがある」「腕が上がる」「腕を磨く」など、腕力から転じて、技能や技術を表わすたとえとして使われます。

「腹」は「腹が立つ」「腹を割って話す」「腹黒い」といったように、多くの慣用句があります。

「腹を割って話す」は英語では“have a heart to heart talk”と表現し、「腹黒い」は“black-hearted”になります。つまり、日本語では「腹」に人間の本心（本音）があり、英語では本心は“heart”、「心臓」にあるとみていることになります。そして、それをさらけだして、正直に話すときは「腹を割る」になり、本心に邪念がある場合は「腹黒い」になる。

英語には、“heart”を使ったメタファーが多く、“to lose one's heart”（〜と恋に落ちる）、“cold-hearted”（心の冷たい）、“heartbreaking”（胸が張り裂けるような／悲痛な）など“heart”は「本心」だけでなく「心」も表わし、感情や感覚的なものが「心臓」を使ってたとえられているそうです。

感情は腹から湧くのか、感情は心で起こるのか。もしかしたら人種や民族によって感情の発生する場所が違うのか。そんなことまで想像してみてもいいかもしれません。

感情の源は「子宮」にある

身体レベルでの感情の起源について、感情は「子宮」で起こると考えていた人びとがいた。そんな興味深い話を、能楽師の安田登さんが『あわいの力――「心の時代」の次を生きる』（2013年）でしてくれています。

安田さんは人間の「心」の発生について考察していくなかで、古代には「心」の動きは

「内臓」の動きと関係があると思われていたようだというのです。

『新約聖書』は「コイネー」と呼ばれる特殊な古典ギリシャ語で書かれているのですが、そのなかに「スプランクニゾマイ」という言葉があって、それを日本語では「憐れみ」と訳されるのだそうです。この言葉は「内臓が動く」というニュアンスをもち、英訳では「compassion」になります。つまり、相手の「感情（passion）」と「一緒（com）」になること、つまり感情の同期ですから、古代の人たちは感情が一体化する感覚を、「内臓」で感じていたようなのです。

「スプランクニゾマイ」のもとになったと思われる「スプランクナ」という言葉は、ホメーロス（紀元前8世紀？）の叙事詩『イーリアス』や『オデュッセイア』で「内臓」、とくに「生け贄の内臓」という意味で使われています。またヘブライ語で「憐れみ」を表わす言葉は、複数形なら「ラハミイム」、単数形なら「ラーハム」で、この語には「内臓」、あるいは「子宮」という意味があるといいます。

またアッカド語（ヘブライ語はセム語系という言語の系統に属し、同じセム語系に属する代表的な言語はアラビア語で、最古の言語がアッカド語）で「憐れみ」を意味する言葉は「レム（ム）」、あるいは「リム」で、「子宮」を意味する。また、同じ楔形文字を使うシュメール語でも「子宮」を意味する「アルフシュ」という単語が、「憐れみ」「同情すること」という言葉で説明されているそうです。

安田さんによると、シュメール人にはじまり、アッカド語を使うアッシリアの人びと、古代のユダヤ人は、相手の感情と一体化する感覚を「子宮」で感じていたことになります。

＊

それでは日本ではどうなのでしょうか。ひきつづき安田さんの考察をたどっていきます。『古事記』におさめられた仁徳天皇の歌に、「大猪子《おおいこ》が原　大猪子が　腹にある　肝向《きもむか》ふ　心をだにか　相思はずあらむ」という一節があります。

この「肝」は現代の肝臓ではなく、内臓全般を指す言葉で、『古事記』の時代の人びとは「心は腹のなかの内臓のうちにある」と思っていたようだ、と安田さんはみます。そして、現代人である私たちには、心が内臓（腹）にあるという感覚は希薄になっているのではないかというのです。

腹を使った「腹が立つ」という言葉が、若い世代になると「頭に来る」といういいかたが普通になっていることも、感情が生まれるところが「子宮」や「内臓」「腹」から、どんどん上にのぼってきていることを表わしているのではないか。

「心」が行きつくところまで上にのぼり、あらゆることを「脳」で考えるようになって、さまざまな問題を引きおこしている。安田さんはだからこそ、人類が「心」に代わるなにかを手にするうえで、現代の人が失いかけている「内臓感覚」を取りもどすことが重要な意味をもつのだといいます。

また私たちは、「腑《ふ》に落ちる」や「腑に落ちない」という言葉を知っています。感情についても、「納得できない」「合点がいかない」を意味する「腑に落ちない」感情は、意外と重要なのではないでしょうか。

そのようなことについては、この本でまたのべていくつもりです。

感情の「心理学」のさまざまな説

「感情はこころ（心）に属する」という前提で書かれた本は枚挙にいとまがありません。ただ、「感情の心理学」と題した本でも、感情を生理現象、つまり身体的な反応とみなしていることも多いので、そうした本でも感情が「こころ」に属するか、「からだ」に属するか、明確にいいきっているわけではないようです。

心理学ではまず、「感情（feeling）」を「情動（emotion）」と「気分（mood）」にわけてとらえているようです。このうち情動は、不安や恐怖、喜び、怒りなど一時的に表われる強い感情をいい、気分のほうは、うつうつとした感じやイライラなど比較的弱めで、ある程度持続する感情だとされています。また情動は人の行動ややる気、価値観などにかかわっているとみられます(なお、「感情」「情動」「気分」を、英語のなににあてるかについても諸説があります)。

感情の「末梢起源説」というのがあり、これは、末梢の生理学的反応が脳に伝わることで情動が発生するという説です。この説では、「悲しいから泣く」のではなく「泣くから悲しい」、「楽しいから笑う」のではなく「笑うから楽しい」、という順序で情動が発生すると考えるのです。

外部刺激があって生理的な反応が生じ、反応を知覚して、悲しい、不安などの情動が発生する。つまり、情動を経験する以前に涙が流れたり、笑ったり、心臓の鼓動が早くなったり、発汗したりといった生理学的変化が生じているというふうにみるのです(アメリカの心理学者ウィリアム・ジェームスとデンマークの心理学者カール・ランゲが提唱したことから「ジェームス=ランゲ説」ともいわれています)。

末梢起源説を踏まえて、表情筋の変化が大脳辺縁系や視床下部にフィードバックし、情動経験を生みだすとするのが「顔面フィードバック説」(「表情フィードバック仮説」とも）で、「笑うから楽しくなる」といった表情と感情は関係があるという説です（シルヴァン・トムキンスやエルンスト・ゲルホーンによります）。

*

末梢起源説への反論として主張されたのが「中枢起源説」（キャノン＝バード説）で、脳や脊髄など中枢神経系を起源にして情動が生じるというもので、「楽しいから笑う」というふうに考えるものです。

いっぽう、中枢起源説では、同一の身体反応で異なる感情を抱く場合をうまく説明できないとして提唱されたのが「二要因説」（シャクター＝シンガー説）です。

二要因説は、生理的な反応とそれにたいする認知的解釈の、ふたつの要因によって情動体験が生まれるという考えかたです。たとえば、人が吊り橋の上に行くと、吊り橋を渡る恐怖から心拍数と発汗量が増大する。そのとき異性に出会うと、その生理的反応を異性を魅力的だと感じることによる反応と間違えて、認知することがあるというのです。

ここまで見てきたように、感情の心理学は、感情の起源についてさまざまな仮説を提示してきているものの、私の問題意識からは少々ずれているような気がします。

「後悔」と「悲しみ」

安田登さんは、「時間」という観念を生みだしたのは「心（こころ）」で、この「心」はどうも、文字と関係があるようだといいます。

ヘレン・ケラーの自伝によるとヘレンは「W－A－T－E－R」という文字を教わり、すべてのものには名前があることを知る。そのときヘレンは、それまで感じたことがなかったふたつの感情、「後悔」と「悲しみ」を感じたというのです。

彼女は、三重苦のつらさと、そして甘やかされて育った環境のために、毎日、自分の人形を投げつけたり、ちぎったりしてバラバラにしていました。しかし、それに気づくことはなかった。ところが、文字を知ったその日、自分の部屋に戻ったヘレンは、自分の人形を、自分がバラバラにしたという事実をはじめて認識した。そのときに、このふたつの感情、「後悔」と「悲しみ」が突然、押し寄せてきたそうなのです。

（安田登『あわいの力』）

「後悔」はもちろん、「悲しみ」も時間がなければ存在しない感情です。

私たちが「悲しみ」を感じるのは、たとえば昨日までいた人がいなくなったり、あるいはあったものがなくなったりしたときで、そんな時間や記憶と関係のある感情が「悲しみ」です。ヘレン・ケラーは時間と記憶を言葉によって獲得し、そのことによって「後悔」と「悲しみ」をはじめて感じたというのです。

私たちがあたりまえのように感じている「後悔」や「悲しみ」が、言葉を媒介とした時間と記憶によってはじめて得られたというのは、どういうことを意味しているのでしょうか。この挿話ひとつからしても、人間にとっての感情の存在の自明性は崩れてしまいそうですし、感情の背景にある時間意識を突きつめると、歴史や民俗に行きつきそうな気がします。

＊

安田登さんは、紀元前1000年ごろに「心」が生まれたといわれるが、全人類がこの時期に、いっせいに「心」を獲得したわけではないといいます。殷《いん》(紀元前17世紀頃〜紀元前1046年)の一部の人びとはそれ以前から「心」を使っていたし、現代でも必ずしもすべての人間が「心」をもっているわけではない。

ダニエル・L・エヴェレットの『ピダハン――「言語本能」を超える文化と世界観』(原著は２００８年)によると、アマゾン北部に暮らすピダハンという先住民族が使う言葉(ピダハン語)には、時制や左右を表わす言葉など抽象的な概念が存在しない。時制とは「心」が生みだした抽象概念で、ピダハンは時間を認識するという意味では「心」というものが希薄な人びとなのかもしれない。しかし、私たちが日常的に使う日本語も時制があいまいで、日本人も「心」に染まりきることなく生きていると安田さんはいうのです。

静岡県駿東郡楊原《やなぎはら》村我入道《がにゅうどう》(現在の沼津市我入道)出身の作家、芹沢光治良《せりざわこうじろう》(１８９６~１９９３)の『人間の運命』(１９６２~６８年)に登場する明治時代の漁村の人びとは、人が死ぬことをあまり重大事だとは思っていません。死はもちろん悲しいのですが、すぐに立ち直ってしまうことからすると、彼らも「心」が希薄だったようなのです。「心」がないから、未来に自分が死ぬかもしれないという恐怖心も抱かず、人はいずれ死ぬものとして、あたりまえのこととして受け入れた。安田さんが生まれ育った銚子のはずれの漁村でも、毎夏、水難事故が起きていたのに、ことさらに騒ぎ立てることはなかったそうです。

「心」とのそういう距離感は、言語の特徴に現われているのではないか。あるいは、言語の特徴が民族の特徴をつくりだしているといえるかもしれない。身体的な日本語を使う日本人は、自己と世界をつなぐ身体という「あわい」を、日々無意識に感じて生きていると安田さんはみるのです。

感情の起源とみなされがちな「心」の存在そのものの、その歴史性や限定性に分けいろうとする安田さんの問題提起は、感情について考えていく際にもとても刺激的です。

「分人」という概念

ここからは少し、感情を抱いているのは特定の「私」なのか、という問題について考えてみたいと思います。特定の「私」といったのは「私」、あるいは「自分」が、あるひとつの個性をもったものだといいきれるのか、という問題と結びつけようとしてのことです。あるひとりの人間の感情のありようは、そのひとりが限定的な「私」であるという思いこみによってとらえそこなっているのではないか、と問いかけてみたいのです。

そこで参考になりそうなのは、作家の平野啓一郎さんが提唱している「分人」という概念です。平野さんの「分人（dividual）」は、「個人（individual）」に代わる新しい人間のモデルとして提出されました。

「個人」は分割することのできないひとりの人間であり、その中心には、たったひとつの「本当の自分」が存在し、さまざまな仮面（ペルソナ）を使いわけて、社会生活を営むものと考えられている。それにたいし「分人」は、対人関係ごと、環境ごとに分化した異なる人格のことで、「本当の自分」をひとつだけ認めるのではなく、複数の人格すべてを「本当の自分」だととらえる。こうした考えかたを平野さんは、「分人主義」と呼んでいます。

私たちは、職場や家庭にそれぞれの人間関係をもち、ソーシャルメディアのアカウントを使い、背景の異なるさまざまな人にふれながら国内外を移動しています。これはつまり、いくつもの「分人」を生きているといえるのではないか、と平野さんはいうのです。

平野さんの著書『私とは何か――「個人」から「分人」へ』（2012年）にそって、「分人」についてみていきましょう。

＊

人間には、いくつもの顔がある。人間は相手次第で、自然とさまざまな自分になる。どこに行っても「オレはオレ」ではめんどうくさがられるだけで、コミュニケーションは成立しない。人間は決して唯一無二の「(分割不可能な)個人(individual)」ではない、複数の「(分割可能な)分人(dividual)」なのである。

人間がつねに、首尾一貫した分けられない存在だとすれば、実際にいろいろな顔があるという事実と矛盾する。こうした矛盾を解消するには、自我(=「本当の自分」)はひとつだけで、そのほかは、表面的に使いわけられたキャラクターや仮面(ペルソナ)にすぎないというふうに価値の序列をつけるほかない。しかし、この考えかたは間違っている——。

平野さんは、複数の「(分割可能な)分人」という概念を提起するにあたって、「(分割不可能な)個人」、あたりまえであるかのように思われがちな、自我はひとつだけだという考えかたを否定していきます。そして、その理由のひとつめは以下のようなことだといいます。

「本当の自分」とは

もしそう考えるなら、私たちは、誰とも「本当の自分」でコミュニケーションを図ることが出来なくなるからだ。すべての人間関係が、キャラ同士、仮面同士の化かし合いになる。それは、他者と自分とを両方とも不当に貶《おとし》める錯覚であり、実感からも遠い。

（平野啓一郎『私とは何か』）

その理由のふたつめは次のようです。

分人は、こちらが一方的に、こうだと決めて演じるものではなく、あくまでも相手との相互作用の中で生じる。キャラや仮面という比喩は、表面的というだけでなく、一旦主体的に決めてしまうと硬直的で、インタラクティヴでない印象を与える。

しかし、実際に私が実家の祖母や友人との間にそれぞれ持っている分人は、長い時間をかけたコミュニケーションの中で、喜怒哀楽様々な反応を交換した結果である。また関係性の中でも変化し得る。何年も経てば、出会った頃とは、お互い口調も表情も変わっているだろう。それを一々、仮面を付け替えたとか、仮面が変容したとか説明するのは無理がある。

（同前）

最後に理由の3つめ。

他者と接している様々な分人には実体があるが、「本当の自分」には、実体がないからだ。――そう、それは結局、幻想にすぎない。

私たちは、たとえどんな相手であろうと、その人との対人関係の中だけで、自分のすべての可能性を発揮することは出来ない。中学時代の私が、小説を読み、美に憧れたり、人間の生死について考えたりしていたことを、級友と共有出来なかったのは、その一例である。だからこそ、どこかに「本当の自分」があるはずだと考えようとする。しかし、実のところ、小説に共感している私もまた、その作品世界との相互作用の中で生じたもう一つ別の分人に過ぎない。決してそれこそが、唯一価値を持っている自分ではなく、学校での顔は、その自分によって演じられ、使い分けられているのではないのだ。

（同前）

右の3つの理由から推しはかれるように、「分人はすべて、「本当の自分」」なのです。

しかし私たちは、そのように考えることができないでいて、唯一無二の「本当の自分」という幻想にとらわれてきました。そのせいで、非常に多くの苦しみとプレッシャーを受けてきたのです。実体がどこにもないにもかかわらず、それを知り、それを探さなければならないと、四六時中そそのかされている。それが、「「私」とは何か」という、アイデンティティの問いなのです。

社会的な「分人」

平野さんの「分人」概念は、感情を考えていくうえでも大きな刺激を与えてくれます。つまり、人は分人ごとに異なる感情を抱いているのか。感情が生理的な現象だとしたら、分人ごとに感情の違いは現われてこないのではないか。しかし、分人ごとに感情のありようが異なるとしたら、それぞれの「私」が感情表現を使いわけているのではないかといったことです。

まだもう少し、平野さんの「分人」論をみていきましょう。ここからは、「社会的な分人」という概念を用いながら、「分人」のもつ民族的、あるいは民俗的文脈というべきことが語られていきます。

社会的な「分人」は、その人が生まれそだった国や地域によって異なるものである。つまり私たちは、完全に無色透明な未分化の状態ではなく、物心がつく前から、すでに環境に適合した「分人」を生きているのだ。

日本で生まれそだつか、アフリカの内戦の地で生まれそだつか、物の見方や感じかたが、根本のところで違ってくる。

＊

「郷に入れば郷に従え」というのは、その土地ごとの社会的な「分人」からはじめたほうが、その後の個別の「分人化」がスムーズになることを意味する。

社会的な「分人化」がうまくいかず、日本にいるときは孤独だったが、海外生活をはじめると途端に生き生きする人もいる。

同じ日本で生まれそだっても、東京と大阪、九州ではまた違う。

北九州で長く育ち、大学から京都に移り住んだ著者（平野さん）は、関西という土地になじむのに、しばらく時間が必要だった。関西人の輪に入るには、関西人のノリと調子が合わなければならないのだった。

いっぽう、地方出身者が多く集まっている東京では、特定の地域色に染まらない、より広く一般化された「社会的な分人」が求められる。しかし、東京はそのために、人間味を欠いた、冷たい印象になっているところもある。

＊

「社会的な分人」で交わされるコミュニケーションは広く、日常生活を営んでいくうえでは、これでことたりる領域がかなりある。

「社会的な分人」のコミュニケーションはたしかに浅いが、これがなければ、コミュニケーションが次の段階に深まることがむずかしくなる。つまり、さまざまな組織の細胞へと分化していく幹細胞のような役割を、「社会的な分人」は担っているのだ。

他者とコミュニケーションをはかるときに、「社会的な分人」として接する段階を飛ばして、自分を全開にしていきなりしゃべりはじめると、相手はとまどってしまう。「分人化」はあくまでも、相互作用のなかでおきることである。それにもかかわらず、一方的に相手の個性を押しつけられ、自分がそれに合わせなければならないように感じさせられるからだ。

「社会的な分人」とは、「普遍的に通じる」という意味では「普通の人」といってもかまわない。それは必ずしも、平凡ということではなくて、より具体的な「分人」へと分化する準備ができた状態のことである――。

＊

平野さんの『私とは何か』のこうした部分を読みながら、私はいまこんなことを考えています。

あるひとりの人間でも、時と場合によって、感情の自然な発露のしかたが違ってくるのではないか。人が怒ったり、悲しんだり、喜んだりする際に、時と場合を選んで使いわけているのではない。つまり意識的に、あるいは設定されたキャラクターごとに感情の表現のしかたを変えているわけではないと思えるのです。

ひとりの人間でも時と場合が変わるたびに、さまざまな感情様式をもち得るという仮説ですが、こうした点についてはひきつづき考えていくことになるでしょう。

日本における「私」

いったんここで、日本人にとって「私」とはなにかについて、のべておくことにしましょう。

たぶん意外に思われるかもしれませんが、日本の各地では、いわゆる「ヘソクリ」を「ワタクシ」と呼んでいました。民俗学研究所編『綜合日本民俗語彙』(1955年)によると「ワタクシ」は、女性に許された最小限度の財産を指すものと定義されています。たとえば和歌山県下では内緒のお金を「ワタクシ」といい、奈良県下では奉公人の休日も「ワタクシ」といった。また沖縄では「ワタクサー」、奄美群島の沖永良部島では「ワタグシ」と発音してきた。こうした「ワタクシ」の中身は、女性が所有する金銭、不動産、牛、羊など、家長の管理外に保有されている財産だったのです。

さらに、女性が私財を隠しておくことは、他人に見られてはいけないという禁忌、タブーをともないました。

ヘソクリは文字どおり、へその緒をくくってしばったほどの少ない金額で、隠しておく場所もとても小さな場所でした。かつて日本の女性たちは、糸や針、化粧品などを入れておく箱や籠をもっていましたが、この箱は持ち主以外がさわってはいけない、ほかのだれかが侵犯してはいけないものだと認識されていたのです。つまり女性の小箱には、霊的な力が備わっているという信仰があったと思われるのです。

「ヘソクリ」は、日本の民俗のなかで育まれてきた女性の「ワタクシ」に起源をもつものでした。日本の「私」は、いいかえるなら「公」にたいする「私」の領域の発生を画する歴史をもち、他人が決してさわってはいけない、霊的な「私有財産」を意味するものだったのです。

そんな「ワタクシ＝私」が抱く感情とはどのようなものなのか。日本の「私」の感情は、もしかするとタブーに属し、決して他人がさわってはいけないものだったのかもしれません。

「世間」と感情

『忘れられた日本人』で知られる民俗学者の宮本常一（1907〜1981）は、「世間」という言葉に独特の意味をこめて、その著作で用いています。この「世間」もじつは、日本の「私」の、ある側面を表わす言葉だと考えられるのです。

「世間」はもともと仏教用語で、世の絶えざる転変、破壊のさまをいい、またサンスクリットでは出家して僧になるのではなく、俗界にいることをいいます。こうした原義から派生して、人が生活し、構成する「人の世」、人びととの交わり、「世の中」や「世界」を指す言葉になりました。

歴史学者の阿部謹也（1935〜2006）によると、古来日本にあった「世」や「世間」にたいし、「社会」は明治以降に輸入された概念でした。つまり日本において、共同体や人間関係を表わす言葉は「世間」で、西欧の「個人」を前提とした「社会」ではなかった。そこでほんらいは仏教用語だった「世間」が、次第に集団としての文化的圧力をもちはじめたと阿部は指摘するのです（『「世間」とは何か』）。

しかし、宮本常一の「世間」は、阿部さんが否定的にとらえた「世間」とは異なるものでした。宮本の「世間」は一枚岩ではなく、いくつもの「世間」がおりかさなったものなのです。

こうした「世間」は、「層」「階層」「層にする」「層をなす」を意味する「レイヤー」で構成されています。そして、ひとりの人間は複数の「世間」に属し、そこでは「世間」ごとに違った自分、複数の「私」を使いわけてきました。こうした「世間」と「私」の関係は、平野さんの「分人」概念と似ていないでしょうか。

3 「しぐさ」と感情

言葉は万能ではない

私が方法的基礎においている「民俗学」は、感情について、これまでよく考えてきた学問です。日本の民俗学をはじめた柳田国男（1875〜1962）が、感情にかんする先駆的な著作をいくつも残してきました。

柳田国男というと『遠野物語』や『一目小僧その他』や『妖怪談義』といったタイトルからイメージされるように、妖怪や霊魂といった領域について、数多くの著作を残しています。じつは、妖怪も霊魂も日本人の「心」の作用のひとつで、日本人の感情の歴史に刻まれた現象だといえるのです。

柳田は、妖怪や霊魂を生みだす感情そのものにも迫ろうとしました。「笑う」ことや「泣く」ことが、すぐれて民俗的な表現や行動であることを論証しようとしたのです。しかし、柳田以降の民俗学は感情の民俗性について考えることを、おろそかにしてきた。ですから、この本でめざしていることは、柳田国男の民俗学に立ちかえり、感情について考える試みだともいえます。

柳田は「涕泣史談」（1941年）という文章のなかで、次のようなことをのべています。

＊

言語以外の表現方法を総括して、「しぐさ」または「挙動」といっているが、この言葉は狭すぎて、「泣く」のような感情は含まないような感じを与える。しかし、「泣く」よりもっとよい名前ができない以上、用心してでも、この名前で呼ぶしかない。

イギリスの人類学者エドワード・バーネット・タイラー（1832〜1917）の『原

始文化』（1871年）では、「ジェスチュア・ラングェージ」という語を使っていて、少なくとも「未開人」にとっては、社会生活の大きな役割をしていることは、民俗学者がくりかえし実験したところだ。こうしたことは、実はありふれたこととして気に留めないばかりで、多くの文明人もまた、そういう空気のなかに生息しているのである。

それにもかかわらず、この国では今日一般に、言葉というものの力を過信している。そんな国だから、書いたものだけによって世の中を知ろうとする。すると結局、音声や「しぐさ」が、どれくらい重要であったかを心づく機会がないのだ。

言語の万能を信ずる気風が、今は少しばかり強過ぎるようである。「そう言ったじゃないか」。そうは言ったが実際はそう考えていなかった場合に、こういう文句でぎゅうぎゅうと詰問せられる。「何がおかしい」。黙って笑っているよりほかない場合に、言葉で言ってみろと強要せられる。「フンとはなんだ」。説明してみよという意味であるが、実はその説明ができないから、ただフンと謂うのである。

（柳田国男「涕泣史談」）

これらはたいてい無用の文句で、それを発言する前から、もう相手の態度はわかってい

るのだ。むしろ言語にはあらわせないことを、承認する方式みたいなものである。

泣くということに対しても「泣いたってわからぬ」、または「泣かずにわけを言ってごらん」などとよく言うが、そう言ったからとて左様ならばと、早速に言葉の表現に取替えられるものでもない。もしも言葉をもって十分に望むところを述べ、感ずるところを言い表わし得るものならば、勿論誰だってその方法に依りたいので、それでは精確に心の裡を映し出せぬ故に、泣くという方式を採用するのである。（同前）

言葉による表現技能の進歩とは反比例に、この第2式の表現方法がすたれていったことは、赤ん坊から子ども、少年から青年へと、だんだん泣かなくなっていくのがよい証拠である。だれしもが、思ったことを自由にいえるなら、好きこのんで、泣いてみるものなどはあろうはずがない——。

民俗的感情とは

柳田国男は『笑の本願』（1947年）、『不幸なる芸術』（1953年）などの本で、喜怒哀楽のような感情が、生理的、あるいは自然発生的なものではなく、民俗的な規範によって形成されるものであることを、「感情史としての民俗学」というべき視点からとらえようとしています。

感情を表現や行動、しぐさやふるまいとしてみたとき、感情はすぐれて民俗的なものです。それでは、感情をその範疇に位置づける「民俗」とはそもそもなになのでしょうか。

柳田国男の『民間伝承論』『郷土生活の研究法』をもとにした『民俗学辞典』（民俗学研究所編、1951年）の分類案では、民俗資料を3つに分類し、第1部「有形文化」、第2部「言語芸術」、第3部「心意現象」というふうにしています。

このうち「有形文化」とは、住居、衣服、漁業、林業、農業、交通、家族、婚姻、誕生、葬制、年中行事、神祭など、「言語芸術」は命名、言葉、諺・謎、民謡、語り物、昔話、伝説、「心意現象」は妖怪・幽霊、兆・占・禁・呪、民間療法などです。

現代の民俗学においては、「有形文化」と「言語芸術」の過去から現在への伝承のされかたや変化のありようをみすえることも重要ですが、ほかの学問には踏みこみにくい領野として「心意現象」に重きをおくべきだと私は考えています。そのうえで、これまでの民俗学で「心意現象」と呼ばれてきたカテゴリーは、「感情」という呼びかたをしたほうが、現在進行形の現象の民俗性を追究するのにふさわしいかもしれません。

近代日本の「感情史」

感情の歴史にかんする、民俗学の関心のすぐれた成果が、柳田の『明治大正史世相篇』（1931年。以下、『世相篇』と略する場合があります）です。

柳田がこの著作でめざしたのは、近代以降の日本の風俗的変貌によって、日本人の感情がどう変化したか、あるいは変化しなかったかをとらえようとすることでした。そのために柳田は、「明治大正史」と銘打った本なのに、「何年何月に何々がおこった」という編年体をとることをしませんでした。つまり、「常民」（民俗学における「ふつうの人々」）の心性の歴史は、従来の歴史書のようなスタイルでは描きえないというのが、柳田の考えかただったのです。

「私たちの目の前で実際におこり、私たちの社会自身がそのための劇場になっているような現象を理論的に考えることは、古い現象を研究するのよりもはるかに簡単で、同時にはるかに難しい」。これは、フランスの人類学者クロード・レヴィ＝ストロース（１９０８〜２００９）が書いた『火あぶりにされたサンタクロース』（１９５２年）のなかの一節ですが、まさにこうした困難に立ちむかった日本民俗学の仕事が、柳田の『世相篇』なのです。

柳田はまず、第1章の「眼に映ずる世相」で、「歴史は他人の家の事績を説くものだ、という考えを止めなければなるまい」とのべて、当事者意識をもつことをうながします。

人は問題によって他人にもなれば、また仲間の一人にもなるので、しかも疑惑と好奇心とが我々に属する限り、純然たる彼等の事件というものは、実際は非常に少ないのである。時代が現世に接近するとともに、この問題の共同は弘くなりまた濃厚になって来る。そうしてその関係の最も密なる部分に、国是としての我々の生き方が、どう変化したかの問題があるのである。

（柳田国男『明治大正史世相篇』）

最終章である第15章「生活改善の目標」の次のような一節も、柳田の歴史観や問題意識をよく示しているでしょう。

歴史は多くの場合において悔恨の書であった。あの際ああいう事をしなかったら、こうも困らずにいられたろうという理由が発見せられ、それがもう完結して後の祭となっているのであった。（同前）

ここには「近過去」というものをとらえようとする際のジレンマが、簡潔にのべられています。このような柳田の言葉を踏まえたうえで、『世相篇』にたいする、民俗学の外側からの見解をみてみることにしましょう。

主題は「我々」

社会学者の見田宗介（1937〜2022）は、『世相篇』で柳田が各章で用いている、「我々は」という主語のおき方に目を向けています（『新編　柳田国男集』第4巻「解説」）。

……本書の主題は「我々」である。いうまでもなくそれはこの列島の民族を全体として指している。それはときには、上代は我々も他の島の土人と同じく、鹿や兎の乾《ほ》した肉をかじったことがあった」等とあるように、この一人称複数形は、個としての柳田国男自身を含まぬ祖先たちを指すことがあった。さらにたとえば第四章のおわりのところでは、近代化社会におけるある種の鳥やけものたちの運命について、「我々の敵意が強くなった」ということをのべている。柳田自身はこれらの鳥やけものたちとの友情をくりかえし愛惜しているのである。柳田は自分のいわば対立者たちの感覚の消息すらも、「我々」の変質として発想していることがわかる。

（見田宗介「解説」）

見田は、柳田のこうした「主題のおき方」、その研究における「主体のあり方」を、柳田が方法として自覚的に選びとる以前に、即自的にもっていた感覚だと考えました。さらに、柳田は歴史を「共同体の自己史」「民族の自伝史的反省」としてとらえていて、それは研究の主体と客体との先験的《ア・プリオリ》な区別を要求する、近代科学の「様式《スタイル》＝主体」とはまったく異なる歴史研究の方法論の構想だったといいます。

そして、このような「国民としての」主体の取りかたが、柳田を「階級的な矛盾の視点の欠如」「少数諸民族の被抑圧の視座の弱さ」といった批判にさらすこととなったとみるのです。

> これらの批判は正当であるが、この故をもって柳田の方法総体を保守反動のそれとして否定する方向よりは、それらを柳田の限界として、われわれの世代に残された課題として引受けることをとおして、柳田をのりこえてゆく方向をえらびたいと思う。（同前）

見田は柳田の方法は、物神化された知のシステムに収奪されることのない、抑圧された階級や民族の自己史にたいしても、道を切りひらくべきものだとのべるのでした。

＊

少しむずかしかったかもしれませんが、『世相篇』の主題が「我々」であるという認識、『世相篇』が「共同体の自己史」「民族の自伝史的反省」であるというとらえかたは、たいへん重要な指摘だと私は考えています。なかでも「柳田は自分のいわば対立者たちの感覚の消息すらも、「我々」の変質として発想していることがわかる」といった一節は、きわめて示唆に富むものではないでしょうか。

柳田はじつは、見田からの引用にある「鳥やけものたち」の感情にまで、思いをめぐらせたのでした。いってみれば、「感情の民俗学」の射程は、それぐらい広く遠いものだったといえるかもしれません。

幕間

感情的会話 その1

感情A 民俗学者がぼくたちについて書いているみたいです。

感情B 民俗学者っていったら、お化けとか妖怪とかについて研究したり、調査したりする人でしょ。だったら、ぼくたちはお化けとか妖怪と一緒っていうこと(笑)

感情A いや、彼らが研究・調査してるのは、それだけじゃないと思うけど。でもぼくらは実際、お化けや妖怪の仲間なんじゃないの。

感情B 自分のことをそういう(笑) まあ、否定はしないけどね。

感情A たぶん民俗学者はぼくらを、お化けや妖怪と同じように、実体が乏しい、とらえどころのないものだとみてるんだと思うよ。

感情B でもお化けや妖怪はこんなふうに話したりするかね。

感情A　いや、するでしょ。
感情B　お化けどうしが話してるのを見たり、聞いたりしたことある？
感情A　彼らはあくまでも現象や幻想だから、想像することならできそうだけど。
感情B　急にまじめになるね。そもそも感情どうしが話しあってることを、民俗学者の人は想像してるかねえ。
感情A　それぐらいじゃないと民俗学者はつとまらないでしょう。
感情B　なんか民俗学者についてくわしいみたいだね。
感情A　ひやかすんとちゃうで。
感情B　感情って関西弁を話すの？
感情A　民俗学者の人が大阪生まれらしいから、ちょっと真似してみてん。
感情B　まあ、ええけど。
感情A　民俗学者の人はそもそも、ぼくたちがどこにいるのかとか、どこから生まれるのかを考えようとしているみたいだけど、あんまり実体としてとらえていないような気がするなあ。

感情B それはそうでしょう。たぶん感情を見たことないみたいだし。

感情A まさかこんなふうに自分の噂をしてるなんて思ってもいないだろうしね。

＊

感情B そもそもみんなぼくたちのことを、そんなに気にしているのかねえ。

感情A いやそれは、民俗学者の人もいってるみたいに、ぼくたちについて書いた本はいっぱい出てるんだから、それなりに関心はあるんじゃないの。

感情B でもぼくたちのことを知ったところで、いったいどうするんだろう。

感情A やっぱり妖怪のように捕まえてみたいんじゃない。

感情B 河童みたいに（笑）

感情A もしかすると「感情のミイラ」があるかもしれない。

感情B うまいことというねぇ。民俗学者だけじゃなくて、心理学者にしても、ぼくたちのミイラを見て、ぼくらのことを語ったり、論じたりしているだけかもしれない。

感情A　でもぼくらが妖怪に似ているというのは、そんなに間違っていない気もする。妖怪ってひとことでいっても、種類がたくさんあるでしょ。ぼくたち感情だって、喜怒哀楽はいうにおよばず、いろんな感情があるからね。

感情B　うん。きみとぼくとだって全然違う。でも「妖怪一般」とか、「感情一般」についても論じることはできるでしょう。

感情A　そこですよ。「妖怪一般」はともかく「感情一般」なんてあると思う。いまの時代、多様性を重んじていただかないと。

感情B　多様性をいいたかったわけじゃないんじゃないかと……。でもはじまったばかりだし、もう少しお手並みを拝見してみることにしましょう。

II

感情とはなになのか？

1 感情は「表現」なのか

「泣く」ことと「涙する」こと

民俗学者の柳田国男は、先にも取りあげた「涕泣史談」で、日本人にとって「ナク」という感情、あるいはその表現のしかたについて多くを語っています。

柳田によると、「ナク」には声をあげる「ナク」と涙をこぼす「ナク」の2種類があり、このふたつは別もので、「ナク」はほんらい、声をあげることだったといいます。

声をあげて「ナク」ことは、「涙をこぼす」「悲しむ」「哀れがる」、あるいは「忍び泣き」の「ナク」は別のもので、それにもかかわらず混同されるようになっていった。声をあげて「ナク」ことを不幸の表現だと忌みきらい、耳をふさいでしまったこと、「ナク」という言葉に「涕」や「泣」という字をあてたことは、そもそもの失敗だった。そして、微妙な感情にひとつひとつ適切な言葉を与えるべきだったと柳田は反省しています。

「涕」は漢語ではほんらい、眼または鼻から出る液体を指し、「泣」は声をあげずに「涕」を出すことだった。また日本語の古代の用法や、方言の用例からみたとき「カナシ」「カナシム」は、「感動のもっとも切なる場合」を表わす言葉で、必ずしも「悲」や「哀」のような不幸な刺激とはかぎらなかったというのです。

ところが、「カナシミ」という日本語に、漢字の「悲」や「哀」の字があてられてしまう。『万葉集』では「慟哭《どうこく》」の「哭」の字が数多く使われているが、「泣」の誤訳を正すには、涙がこぼれる意味を含んだ「哭」の字をあてるべきだったと柳田はのべます。

柳田は、かつての日本人はさまざまに泣きわけて、その違いを意識し、自覚していたのに、その後は徐々に忘れていってしまったことを惜しむのでした。

「ぴえん」という泣きかた

日本人の泣きかたにこだわりをみせた柳田国男が、もしいまも民俗学者として目を光らせていたなら、「ぴえん」という泣きかたに間違いなく注目したことでしょう。「ぴえん」とは、2018年から使われるようになった擬態語で、泣いているようすを表わす若者の言葉のひとつです。

かわいらしく泣いているさまを表わすオノマトペで、間投詞的に、泣いていること、または泣きたい気持ちであることを示すときに用いられます。ソーシャルネットワーキングサービス（SNS）などの書き込みで、悲しくて泣く場合にも、嬉し泣きにも用いられ、深刻な感じをともなわない。「ぴえん」は、「三省堂　辞書を編む人が選ぶ「今年の新語2020」」では大賞に選出されています。

ニッセイ基礎研究所・生活研究部研究員の廣瀬涼さんは「「ぴえん」とは何だったのか」（「基礎研REPORT・冊子版」2021年2月号）という文章で、新しい感情言葉「ぴえん」についてくわしく分析しています。たいへん興味深いので、廣瀬さんの分析をしばらく紹介してみます。

*

泣いているようすを表わす擬態語は、「しくしく」や「ぽろぽろ」「ほろっと」など数多く存在する。また泣きわめく表現として、古くから「えんえん」や「わんわん」などが用いられてきた。

赤ちゃんが泣く擬態語として、「ぴぃぴぃ」という言葉があり、「ぴ」という音を使って、泣くようすを表わすことで、幼児性を表現することができる。こういった土壌はマンガなどのコンテンツを嗜好する人びとのあいだに、少なからずあったのではないか。

「ぴえん」もこうした「ぴ」の派生語で、「びえーん」という擬態語に「ぴ」という音をあてて、「ぴえーん」と表記し、発声することにより、「幼さ」を表現したことが起源だと考えられる。ただし、古くからある「ぴぃぴぃ」のような言葉は、現代の「ぴえん」のような多様性を含んだ言葉ではなく、あくまでも泣きわめいているさまを表わすものだった

――。

絵文字への派生

廣瀬さんによるとＬＩＮＥリサーチの調査で、10代の34・４パーセントが「ぴえん」を日常で使っていた。また廣瀬さんが10代、20代を対象におこなった「ぴえんに関する調査」で、「ぴえん」をどこで用いるかを聞いたところ、ＬＩＮＥが94パーセントでもっとも高く、日常会話（88・５パーセント）、Twitter（現・X）（70パーセント）と続くなど、主に文字媒体でのコミュニケーションで使用されていたといいます。

また廣瀬さんは、若者言葉としての「ぴえん」が使用されるようになった背景として、絵文字環境の標準化が挙げられるそうです。廣瀬さんの分析を続けます。

＊

２０１８年、Unicode（符号化文字集合や文字符号化方式などを定めた文字コードの業界規格）に、大きな瞳に下がった眉毛をし、何かを訴えかけようとしている「Pleading Face」（ぴえん顔）が追加された。その絵文字は、同年８月にAndroidが9.0Pie、10月に

AppleがiOS12をリリースするタイミングで追加され、そのデザイン性から若者を中心に使用されることとなった。

ただし「ぴえん」という言葉じたいは、それ以前から存在していた。「Pleading Face」が存在する以前も、涙を流している絵文字や顔文字とともに、「ぴえん」という言葉もＳＮＳで投稿されていたが、泣いている度合《どあ》いが使う人によってさまざまだった。

その理由として、当時の「ぴえん」はあくまでも「びえーん」の派生語「ぴえーん」を簡略化したものとして使用していた人と、泣きわめく声の大きさや長さを、「ぴ」と「ん」のあいだの「え」の文字数で視覚化する方法をもとにして使用していた人がいたからである。

「ぴえええええええーーーーん」
「ぴえええん」
※上（引用注：右）の方が下（同：左）よりも泣き喚いている様子を表すことができる。

（廣瀬涼「「ぴえん」とは何だったのか」）

その後、「Pleading Face」が登場すると、「え」の個数で悲しさを表現していた人たちが、大泣きするほどではない感情をこの絵文字と、「ぴえーん」を最少の「え」の数で「ぴえん」と表現するようになり、そこから「Pleading Face」は、「ぴえん顔」として定着していく。

もともと絵文字は、感情を表現する方法のひとつとしてつくられているが、「Pleading Face」の場合は、絵文字に「ぴえん」という感情があとづけされたといえる——。

「ぴえん」の歴史性

文字と絵文字の2種類の記号から、浸透していった「ぴえん」ですが、そこからは歴史的文脈、民俗的文脈があることがみえてきました。既存の記号では表わしえない、現在的で、微妙で特殊な感情を表現していく過程を、廣瀬さんはたどっていきます。

＊

「ぴえん」は嬉しいことや悲しいことを問わず、泣きだしてしまう寸前の感情を表わしている。また「Pleading Face」の視覚的な情報も合わさり、かわいさやあざとさを表わす言葉として使われるようになった。

また前述の調査で、どのような意図で「ぴえん」および「ぴえん顔」が使用されているかについては、「残念な感情を表すため」が93・0パーセントともっとも高く、「許してもらえやすそうだから」も約9割と高い割合を示している。許してもらえそうな理由としては、「ぴえんという顔文字で目がうるうるするほど反省している、と伝えようとしている」や、「ぴえんと一言つぶやいて、ぐうの音も出ないほど反省している状態を表そうとしている」といった回答が多く、「か弱さを演じるため」（42・5パーセント）や「甘えるため」（16・0パーセント）とも類似する点があると考えられる。

コンテンツを嗜好する人びとのなかには、「ぴ」という音を用いて泣くようすを表現することで、幼児性を表現することができるという土壌があった。

＊

「ぴえん」という言葉は、「ばぶー」や「おぎゃー」と同じように、幼児言葉としての特性をもち、その言葉を用いることで、か弱さや、コミュニケーションの相手に甘えたいという感情をほのめかす作用があると思われる。

「ホッとした気持ちを表わすため」という答えも、7割を超える。たとえば、「○○ちゃんに宿題を見せてもらった。ぴえん」という文からは、宿題を見せてもらったことにたいする感謝と、宿題が終わった安堵感を垣間見ることができる。ここでは「ぴえん」が、溜め息のような役割を果たしているのだ。

このように「ぴえん」という言葉は、「Pleading Face」から読みとることができる感情を表現しており、さまざまな意味を含む言葉として成立している。

＊

相互補完の関係にあった「ぴえん」と「Pleading Face」は、「ぴえん」が独立して、その状態を表わすことができるようになったことから、それぞれ独自の文化として変化しはじめる。

「ぴえん」という言葉からは、多くの派生語が生まれた。たとえば、「ぴえん超えてパオン」は、「ぴえん」よりも感極まったときに使われる言葉で、「２０２０年上半期ティーンが選ぶトレンドランキング」のコトバ篇の6位にランクインしている。また、ＡＭＦ（女子中高生向けマーケティング支援などを手がける会社）の「ＪＣ・ＪＫ流行語大賞２０２０」のコトバ部門の3位には、「ぴえん」の最上級表現としての「ぴえんヶ丘どすこい之助」がランキングした。

「ぴえん顔」として認知された「Pleading Face」も、そこから派生した新しい文化を生みだしていった。アイドルグループＮＭＢ48の吉田朱里が実践して話題となったアイメイク方法「ぴえんアイ」は、「ぴえん顔」のような、ウルウルとした瞳を表現することができるといわれる。このように言葉と絵文字が、お互いの意味と視覚的情報を補完し合うことで、独立した文化として成立していったのだ――。

ラメンテーションとしての「泣き祭」

「涕泣史談」で柳田国男は、「泣く」ことのもつ儀式性を掘りおこし、「泣く」ことは自然な感情発露や、感情表現とはかぎらず、民俗的な儀式性をおびたものだったことを解きあかしていきます。

＊

自分（柳田）が観測したとおり、老若男女を通じて、現代が総体的に泣き声が少なくなってきた時代だとすると、それはなにかほかの種類の表現手段が、大いに発達した結果だと推定してもまちがいないだろう。

だがそのいっぽうでは、泣くことが人間交通の必要なひとつの働きであることを認めず、ただひたすら、嫌い、憎み、賤《いや》しみ、嘲《あざけ》る傾向ばかりが強くなっている。そういうことから代わりの方法がほかになくても、不便を忍んで、泣くまいと努力しているものがいないとはかぎらない。だからこれを、人間の悲しみが昔より少なくなった兆候だとみることは、慎重になる必要があり泣きさえしなければ子どもはいつも幸福だ、と速断してしまうのは考えものである。

いうまでもなく兆候は、変化そのものではない。そこにはまだ大小さまざまな原因が複雑にからみあっていて、私たちが分析してみようとしてしなかった部分はまだ広い。

それから今一つ、これに比べると遙かに厳粛で、また由緒の久しい泣き方の用途に、宗教史の研究者などがラメンテエションと名づけているものがある。日本でも最近までその幾つかの名残りが伝わっていた。一言でいうと神または霊を送るときの方式である。たとえば三月の節供《せっく》に御馳走《ごちそう》を供えてから雛《ひな》を流す。そのときに悲しくなくとも泣かねばならぬ。

（柳田国男「涕泣史談」）

雛人形は後世になるほど、技巧が進んだ高価なものが作られるようになったため、川に浮かべて送ってしまう風習はとだえてしまった。実際に馬入川《ばにゅうがわ》（相模川の河口付近の名称）の流域などでは、１００年前まで子どもが川原に出て、こうした「泣き祭」をしたこ

とが記録に残っている。その祭の担い手が子どもだったことから、その言葉がただの悲しげな叫び声になり、後には歌詞のようになった。

こうした祭が、正月15日にも、盆の15日の魂送《たまおく》りにも同じようにおこなわれた。少年少女が群れをなして、「来年の、来年の」とうたい、また「来年ござれ」とはやしたのである。

盆はとくに、新たに死に別れた人の思い出をともなうため、泣く声が遠くまで伝わり、また哀れにも聴こえたのだった。しかしこのときは、心の奥の感じかたとはかかわりなく、泣かねばならない約束があり、ただ「実感の人」だけが心から泣いたのである——。

*

ラメンテエション＝ラメンテーション（lamentation）は、「哀歌」「嘆きの歌」「悲歌」「挽歌」を意味します。悲しみの表現として泣くことは、意識的なことだったのか、あるいはそれともやはりやむにやまれぬものだったのか。またその民族的普遍性の有無まで、柳田は視野を広げているといってよいでしょう。

泣く女、泣く男

儀式的に「泣く」ことの歴史、また「泣く」ことに性差があるかといったことも、民俗学者・柳田国男にとって大いに関心があることでした。「涕泣史談」のうち、そういったことにふれた部分を要約してみます。

＊

葬式のときに、上手に泣く「泣女《なきおんな》」を頼んで泣いてもらったという話がある。またいまでも、「一升《いっしょう》泣き」、「二升泣き」などといって、御礼の分量にも等級があったと事実のように語る人がいる。ただ柳田自身は、「そういう風習の存在を、私などは全く見聞したことはない」。

ただし、野辺《のべ》送りの日には泣いてもかまわないというどころか、そうするのが普通になっている地方はいまもあり、土地によっては血筋のつながりもなく、また情愛もない弔問客まで声を立てて、泣いて拝んでから、身うちのものに挨拶するという作法がつい最近までおこなわれていた。その際には、どんなことがあっても泣くべきものと決まっていたのだ。

そして儀式といいながら、自然に泣きたくなり、また涙がこぼれたので、心から泣く人とのあいだに差別はなかった。つまりそれは、いつからともなく当然のこととして守られていた慣習で、とくに女性はその古いしきたりを、背くには忍びないやさしさをもっていたものだと思われる。

近世に入っていつのまにかそれがすたれたのは、一種の「覚醒」だった。「男は泣くものではない」という教訓があったのも、「女なら大人でも泣くものだ」という承認があったことを意味する。

弁慶は一生泣かなかった。また、弁慶でも泣くだろうなどといって、よく人が非凡のたとえに引くのも、裏からみると、平凡人はときどき泣いていた証拠である。

かつて私は俳諧の中から、男が泣くとある場合を捜して見たことがある。

「来る春につけても都忘られず」「半きちがひの坊主泣き出す」とか、「かはらざる世を退屈もせずに過ぎ」「又泣き出《いだ》す酒の醒《さ》めぎは」とかいう類の附合《つけあい》が幾らでもあり、まだ元禄の頃までは、少なくともこういう種類の老人は泣いていた。それが今日はもう痕跡だけになったのである。
（同前）

柳田の旧友で短編小説『武蔵野』『忘れえぬ人々』などで知られる国木田独歩（1871〜1908）は、あまりにも下劣な偽善を罵るとき、口癖のように「泣きたくなっちまう」と言った。柳田たちは折りにつけ、その口癖を真似したが、おたがいに一度も、声を放って泣いてみたことはない。つまり現在は世の中が泣かずにすませようとする趣味に傾いていると思われる。しかし以前は、これとは正反対の流行があったらしい――。

現代文化の問題

柳田国男の「涕泣史談」は「泣くこと」の歴史をさらに、さかのぼり、民俗を掘りおこしていきます。そして、「泣くこと」の歴史的、民俗的実態（実体）を追究することが、大きな問題であることを明らかにしていくのです。

「ワアワア」と手放しで泣くことを、まるで悪徳であるかのようにいいだしたのは、中世以降の変遷だろう。

かつて「偉人豪傑は、喜怒色に表われず」などという尊敬の言葉があった。しかし彼らも、大きな衝動があれば泣いていたのだ。常人ならなおさらで、武家生活を中心とした義太夫の浄瑠璃などを聴いていても、たびたび慟哭の声が物語にまじり、感動の極まるところは、いつもそこに帰着することになっている。それなのにこれが、社交界から排斥されることになったのは、濫用の弊があったからだとみられる。

濫用すればなんだって嫌われる。つまり、この表現法があまりにも有効だったため、女性や子どもがこぞって泣くことを武器にするようになり、受け手のほうでも神経過敏になって、泣き声を聴くことがたえられなくなったのだ。そのため必要上に、だんだんこれを抑圧する傾向が加わってきたのである。

*

ほかにまた別の原因があった。私たちがこのようにまで泣くことを気にかけだしたのは、ひとつには学問の効果があった。

日本人にとって学問というと、読書がおもで、読書はじつは漢語の対訳を出発点にしている。人が泣くのは心のうちに「カナシミ」があるためだというのは、昔から常識だったが、その「カナシミ」という日本語に漢字の「悲」、または「哀」の字をあてるべきだとしたのは「学問」だったのである。

「カナシ」という国語の古代の用法、また現存している多くの地方の方言の用例を注意すると、「カナシ」、「カナシム」は、感動のもっとも切なる場合を表わす言葉で、必ずしも「悲」や「哀」のような不幸な刺激にかぎらなかったことがわかる。ただ不幸にして人生の「カナシミ」には、そういったものがやや多かっただけなのである。

私たちの心持ち、また物の考えかたが進んでくると、昔のままの概括的な言葉では、個々の場合をいいあらわしたりず、単語の内容が次第に狭く限定させられて、その用語が地方的に分化していくのである。

＊

北陸地方や静岡県の一部などでは、「カナシイ」を「恥ずかしい」、「きまりが悪い」という意味で使うところがある。東京の周囲の俗語でも、「カナシイ」を「手がつめたくてしょうがなくなった」というようなときの形容詞にしている。小さい子どもなどは、そういう「カナシイ」ときにもよく泣くので混同されるが、その感覚も決して「悲」ではない。「カナシイ」は一般的に、身に沁みとおるような強い感覚で、そのなかから悲哀の「カナシイ」だけを取りわけて、標準語の内容としたのは中世以降のことであり、「悲」という漢字をもっとも多く受容した、仏教の文学や説教がもとだと思われる。

泣くことを人間の不幸として忌みきらい、また聴かないようにしたことは、この「かなしみ」という語の漢訳の誤りがもとだった。実際に、悦《よろこ》びがきわまってのうれし泣きがあり、それほどでなくても、憤ったり、恨んだり、悔いたり、自分を責めたりといった、はっきりとした名前をつけた言葉を設けることができないさまざまな激情のためにも人間は泣いている。

むしろ、それよりふさわしい言語表現が間にあわないために、この特殊な「泣く」という表現法を用意していたので、それで相手に気持ちが通じるなら、じつは重宝だったのである。むやみにおさえこまず、濫用を防ぐように教育すればよかったのだ。そうでなければ、その感情のひとつひとつを適切に表わす、代わりの言葉を与えるべきだった——。

＊

柳田の「涕泣史談」が講演でおこなわれた際のタイトルは、じつは「現代文化の問題」でした。民俗学の視点で見ると、ＳＮＳのリアクションボタンからでさえも、日本人ならではの表現やしぐさの歴史をもとに、現代人の感情をたどることができるのです。

2 「いいね！」の進行形

絵文字による感情表現

いまから7年前、2016年（平成28）1月14日、Facebook日本版に「いいね！」に加えて、5種類のリアクションボタンが新たに導入されました。投稿・報告にたいする反応や感情を、「いいね！」だけでは表わしえないということで追加されたのは、ハートマークの「超いいね！」、笑顔マークの「うけるね」、目を丸くした「すごいね」、涙を流した「悲しいね」、怒った表情の「ひどいね」でした。

このうち5種類の、もっとも必要性が高かったのは、涙を流す「悲しいね」だったのではないでしょうか。このマークが追加されたのは、不幸や不運な投稿・報告などにたいして、「いいね！」をクリックするのに違和感を覚える、という意見が少なからずあったことによるものだといいます。つまり、「超いいね！」「うけるね」「すごいね」は、「いいね！」の強調やヴァリエーションで、「悲しいね」と「ひどいね」は、利用者から求められて追加されたのでした。

その1年後の2015年に、英語版の流行語大賞といわれる「Oxford Dictionaries Word of the Year」に「Face with Tears of Joy」と呼ばれる「emoji（絵文字）」が選出されていました。この絵文字の顔は「泣き笑い」の表情で、大賞の選出理由は「2015年の風潮やムード、関心をもっとも反映しているから」だったといいます。Facebookにも、もし「泣き笑い」を示すリアクションボタンが付けくわわっていたら、日本人には親しみやすく、活用されていたのではないでしょうか。

「かわいい」と「かなしい」

「いいね」をもらうため、短文や写真や動画を投稿する利用者の動機は、いうまでもなくある種の承認欲求でしょう。「いいね！」には、「気に入った」という意味があり、共感を示すと考えるのが自然ですが、「いいね」は本当に、英語の「Like」と同様の意思表示や感情表現なのでしょうか。

いまから10年近く前、２０１４年（平成26）の夏ごろから、若い女性を中心に、Instagramに「自撮り」（セルフィー、Selfie）を投稿することがブームになり、その後定着していきました。ヘアメイクやネイルなどのおしゃれをアピールすることで「いいね」を獲得することが風俗と化したのです。

写真・動画に特化したInstagramでは、若い女性のセルフィーや動物写真にかぎらず、「いいね」のほとんどが「かわいいね」という反応のように思えます。

柳田の「涕泣史談」によると、「カワイイ」は決して古い日本語ではなく、「顔はゆい」という言葉からきたもので、中世の用法では「不憫な」や、「見るに忍びない」を意味したそうです。

> だから東北の田舎では、今でも「孫がかなしい」というように、大昔の「かなし子《こ》」または「このかなしきをとに立てめやも」などと同じ意味に、即ち標準語のいわゆるカハイイの代りにこれを用いているのである。カハイイは古い語ではない。多分

は「顔はゆい」からであろうということで、中世の用法ではフビンナまたは見るに忍びぬを意味し、それが一転しては子供とか女とか、自分より弱い者への愛情だけに限られることになっている。カナシイとは少なくとも起こりが別なのである。

（同前）

140字の文字制限があるTwitter（現・X）も（現在では140字以上の文字数を投稿する方法がありますが）、短い文字数という制約から、とくに際立った理念や思想をのべることはむずかしく、あたりさわりのないつぶやきほど「お気に入り」に入れられ、またリツイートされるようです。

ですから、政治家や作家、芸能人、また一般の人気ツイッタラーによる気の利いたつぶやきも、その訴求力は、猫や犬のしぐさをとらえた写真や動画と本質的に変わらない。そうすると、こうしたツイートにたいする「いいね」も、「かわいいね」という心の動きだとみても、あながち間違ってはいないのではないでしょうか。

「おもしろい」と「楽しい」

いま「おもしろい」という言葉はふたつの意味で用いられていると思います。ひとつには、「おかしい（可笑しい）」といいかえることもできる「おもしろい」で、もうひとつは、「興味深い」という気持ちを指す意味でも、「おもしろい」というふうに使われます。

このうち後者のほうが、ほんらいの「おもしろい」だったみたいで、柳田国男はこんなことを記しています。

> そうしてこれを説きまた一致して耳を傾ける心持を、我々は名づけて面白いといったのである。「面白い」は人の顔が一つの光に向って、一斉に照らされる形を意味したらしい。
>
> 柳田国男『野鳥雑記』

つまり「おもしろい」は、なにかにたいして興味津々で、その対象に集中する顔（面）

が、輝くばかりに白いさまを表わしたものだったのです。しかし、柳田は、顔を輝かせて耳を傾けるものは、「今ではもうごく小さな子供より他にはなくなった」ともいっています。

*

柳田による、感情をめぐる民俗史をもうひとつ。喜怒哀楽の最後をかざり、「かなしい」の対義語というべき「楽しい（たのしい）」についてです。

> 今でも自分のよく記憶する一事は、町にも村里にも家にも路上にも、高笑い声が甚だ乏しくなった頃から、急に世間には「たのしい」という古い形容詞が流行し始めた。何でもかでもただ少しばかり、眼の前の現実を忘れさせるような出来事に出くわすと、すぐに若い人たちはこれをたのしい何々と形容していたのである。
>
> 柳田国男「自序」『不幸なる芸術・笑の本願』

「たのしい」という言葉が活況を示したのは、いつの時代のことなのでしょう。どうも

「たのしい何々」という成句は、若者たちが「眼の前の現実」を忘れるために、それほど楽しくないのにあえて使ったようにもみえます。すると大正時代のことなのか、あるいは21世紀の現在なのか。もちろん後者であるわけはないのですが……。

そして、柳田が「笑い」というものを研究したくなったのは、「笑い」が「人間の生の楽しさ」を測定する尺度だと思ったからだといいます。「笑い」そのものを愛するより、その表出の源泉を遡り、求めたい。柳田国男による感情の民俗学は、どんな現象にたいしても「楽しい何々」と形容してしまう、ある時代の感情様式に起源をもつものだったのです。

3 「微笑」と「奇妙な笑い」

ハーンが見すえた「感情」

ラフカディオ・ハーン、小泉八雲（１８５０～１９０４）といえば、耳なし芳一や雪女が登場する『怪談』や、『日本の面影』をはじめとした小説、随筆、紀行などで、西洋に日本の文化を紹介した文学者です。１８９０年（明治23）に来日したハーンは、急速な近代化の途上で出会った日本人のさまざまなしぐさやふるまい、行動規範や感情のありようにこまかに目を向けました。

『知られぬ日本の面影』（1894年、版によって『日本の面影』とも）におさめられた「日本人の微笑」は、日本人の顔の表面に現われる、あるいは表わされる「微笑」をめぐって、示唆的な考察をくりひろげています。

ここからはしばらく、ハーンによる「微笑」をとおした日本人の感情表現考をみていくことにしましょう。

＊

……日本人は死に直面したときでも、微笑むことができる。現にそうである。しかし、死を前にして微笑むのも、その他機会に微笑むも、同じ理由からである。微笑む気持ちには、挑戦の意味合いもなければ、偽善もない。従って、われわれが性格の弱さに由来すると解釈しがちな、陰気なあきらめの微笑と混同してはならない。

（ラフカディオ・ハーン「日本人の微笑」）

「日本人の微笑」は念入りに仕上げられ、長年のあいだに育まれてきた「作法」であり、またそれは「沈黙の言語」でもある。しかしその意味を探るため、西洋文化における表情や仕草の概念をあてはめようとしてもうまくはいかない。それは表意文字である漢字を読むのに、文字の形が西洋人の見慣れたものに似ているとか、あるいは似ていないとかといって理解しようとするのと同じくらい困難なことなのだ。

「日本人の微笑」は初めて見たときには、魅力的なものである。しかし後日、その日本人の同じ微笑が、苦痛や、恥辱や、落胆といった異常な状況でも同じように見られたりすると、外国人はそこで初めて、日本人に不審の念を抱くようになる。場違いが明らかなとき日本人が微笑を浮かべたりすると、激しい怒りを呼びおこしてしまうこともある。

*

「日本人の微笑」を理解するには、昔ながらの、あるがままの日本の庶民生活に立ち入る必要がある。西洋かぶれの上流階級からは、なにも学び取ることはできない。(同前)

西洋と極東のあいだに見られる、民族的な感情や感情表現の面での明らかな相違の意味を探るには、つねに変化に富んだ、あるがままの庶民の生活に目を向けなくてはならない。

生にも、愛にも、また死にたいしても微笑を向けるあの穏やかで親切な、あたたかい心をもった人たちとなら、日常のささいな事柄についても、気持ちを通じあう喜びを味わうことができる。そのような親しみと共感をもつことができたとしたら、「日本人の微笑」の秘密を理解することができるだろう。

日本の子供なら、生まれながらにして備わっている、微笑を生む暖かい心根は、家庭教育の全期間を通して養われる。しかもそのやり方は、庭木を自然な勢いに乗じて育てるのと、同じ絶妙さで行われる。微笑は、お辞儀や、手をついてする丁寧なお辞儀と同じように教えられる。それは、目上の人に挨拶したあと、喜びのしるしに、小さく音を立てて息を吸い込む作法のように、あらゆる昔流儀の入念で美しい作法のひとつとして教えられる。声を立てて大きく笑うのが勧められないのは、わかりきっている。反対に、微笑しているのであれば、愉快な場面ではいつでも、目上の人を相手にする場合だろうと、同輩相手だろうと大丈夫だし、不愉快な場面でさえ、可能である。微笑は、教養のひとつなのである。

（同前）

義務としての微笑

ラフカディオ・ハーンは、日本人の微笑を観察し、日本人の他者との関係の取りかたを分析的にみるなかで、「微笑」がはらむ義務について考えはじめます。

＊

相手にとって、いちばん気持ちの良い顔は、微笑している顔である。両親や親類、先生や友人たち、自分を良かれと思ってくれている人たちにたいしては、いつもできるだけ、気持ちのいい微笑を向けるのが日本人のしきたりである。そればかりか広く世間にたいしても、いつでも元気そうな態度をとり、他人に愉快そうな印象を与えるのが生活の規範だとされている。たとえ心臓が破れそうになっていても、凛《りん》とした笑顔を崩さないことが社会的な義務なのだ。

その反対に深刻だったり、不幸そうに見えたりすることは、無礼なことだ。なぜなら、好意をもってくれる人びとに心配をかけたり、苦しみをもたらしたりするからである。こうして日本人が幼い頃から義務として身につけさせられた微笑は、じきに本能とみまがうばかりになってしまう。

日本人のように、幸せに生きていくための秘訣をじゅうぶんに心得ている人びとは、ほかの文明国にはいない。人生の喜びは周囲の人たちの幸福にかかっていて、だからこそ、自分たちのうちに無私と忍耐をつちかう必要があることを、日本人ほど広く一般に理解している国民はほかにいないだろう。

そんなわけだから、日本の社会では、嫌みや、皮肉や、意地の悪い機知などは通用しない。洗練された生活には、そういうものは存在しないとさえ言えるかもしれない。個人的な欠点は、嘲笑や非難の対象とはならず、突飛な行いを、とやかく言われることもなく、思わぬ過ちを笑われることもない。

（同前）

＊

ここまで見てきた西洋人ラフカディオ・ハーンの、日本人の「微笑」にたいする考察にたいし、柳田国男は「笑の文学の起源」という文章で少々批判的なことをのべています。

日本人はどちらかと謂《い》うと、よく笑う民族である。上方《かみがた》あたりの人間は懇意な者の為に笑い、見馴れぬ人に対しては笑わぬだけの差別を立てているが、関東以北では無邪気なほど無差別に笑っている。小泉八雲さんの「日本人の微笑」は有名なる文章である。いつもにこにこしていることを愛嬌と謂い、心のやさしい兆候と目《もく》している以外に、怒った時でも憎んだ時でも、少し笑い過ぎるかと思うほど我々はよく笑う。高《たか》笑《わら》いや空笑《からわら》いは社交の一様式をなしている。宴会などは何でもかでも、必ず笑をもって終始することになっている。つまり善意にこれを解説するならば、日本人は笑いの価値を知っている国民なのである。

ところが実際の人生には、笑う種はそう多くはない。泣く種ほどにも多くは落ちこぼれてはいない。故に笑わんと欲する者は、勢い常に笑いの安売り、または高買いをしなければならぬのである。ということは一方から見ると、笑いの文芸の殊に純化し難く、堕落しやすい傾向をもっていることを意味する。

(柳田国男「笑の文学の起源」)

いかにも柳田らしい言いまわしですが、観察者であるハーンと、当事者である柳田の見解の相違が明らかなことがよくわかります。

「笑い」を科学する

寺田寅彦（1878～1935）は、物理学者として初期にX線に関する研究をおこない、文学者としても科学者のまなざしで日常を切り取った随筆を残した多才な人物です。そんな寺田が1922年（大正11）に発表した「笑い」という文章で、彼自身が経験した自分ではおさえきれない奇妙な笑いについて、精密な観察をおこなっています。科学の目で「笑い」を見つめるとどうなるか。自分では制御できない「笑い」により、どのような感情にとらわれるか。たいへん興味深い内容をはらんだ文章なので、少し長くなりますが要約におつきあいください。

＊

自分（寺田）は子どものころから、医者の診察を受けているとき、必ず笑いたくなるという妙な癖があった。この癖は大人なってても治らず、その痕跡が残っている。
病気といっても40度も熱があったり、からだのどこかに耐えがたい痛みがあったりする場合は、そんな余裕はないが、病気の自覚症状がそれほど強烈ではなく、起きあがり、すわって診察してもらえるくらいのときこの不思議な現象はおこる。

まず医者が脈をおさえて時計を読んでいる時分から、そろそろこの笑いの前兆のような妙な心持ちがからだのどこかから起こって来る。それは決して普通のおかしいというような感じではない。自分のさし延べている手をそのままの位置に保とうという意識に随伴して一種の緊張した感じが起こると同時にこれに比例して、からだのどこかに妙なくすぐったいようなたよりないような感覚が起こって、それがだんだんからだじゅうを彷徨し始めるのである、言わばかろうじて平衡を保っている不安定な機械《メカニズム》のどこかに少しのよけいな重量でもかかると、そのために機械全体のつりあいがとれなくなって、あっちこっちがぐらついて来るようなものかもしれない。実際からだが妙にぐらぐらしたり、それをおさえようとすると肝心の手のほうががくりと動いたりするのである。

（寺田寅彦「笑い」）

「弱い神経《ウィークナーヴ》」といってしまえばそれまでかもしれないけれど、「笑い」の前奏としておこることが問題なのだ。

舌を出したり、咽喉仏《のどぼとけ》を引っこめて「ああ」という気の利かない声を出したり、まぶたをひっくり返されたりするようなことが、平衡を失ってゆるんでいるきわどいすきまへ出くわすためだかどうか、よくわからない。しかし、場合によってはこんなことでも、とにかくすでに「笑い」のほうに向かって倒れかかっている気分に、軽い衝撃《インパルス》を与えるような効果はあるらしい。

胸をくつろげ、打診から聴診と進むに従い、からだじゅうを駆けめぐっていた力ない、たよりない、くすぐったいような感じがいっそう強く鮮明になってくる。そうして深呼吸をしようとして、胸いっぱいに空気を吸い込んだとき最高頂に達し、それが息を吹きだすとともに一時に爆発する。

するとそれが、ちゃんと立派な「笑い」になって現われるのだ。

笑うべき正当な対象がそこにはなにもないのに「笑う」のは、不合理なことであり、医者にたいして失礼なのはもちろん、はなはだ恥ずべきことだというのは、子どもの自分にもよくわかっていた。近くにすわっている両親にも気の毒で、なるべく我慢しようと思って、くちびるを強くかんだり、こっそりひざをつねったりするのだが、目から涙は出ても、この「理由なき笑い」はそれぐらいのことでは止まらなかった。

ところが、医者のほうはいつも平気で、一緒に笑ってくれたりする。するともう、手離しで笑ってもいいという安心を感じるとともに、笑いたい感覚は一時に消滅してしまう。

＊

胸部の皮膚にさわられるのが直接にくすぐったい感覚を起こさせるので、それが原因かと思われない事もないが、実はそうではなくて、それよりはむしろ息を吸い込もうとする努力と密接な関係のある事が自分でよくわかる。腹部をもんだりする時には実際かえってそう笑いたくならなかった。

（同前）

かかりつけの医者に診てもらう場合は、それほど困らなかった。しかし、初めての医者の場合は、診てもらう前から苦になった。気にすればするほど結果はかえって悪かった。近くに母親がいて、この癖をなるべく早く説明してもらうよりほかない。説明してもらいさえすれば、もう決して笑わなくてもいいことになるのだった。

父親からはいつも、「男というものはそうむやみに、なんでもないことを笑うものではない」と教えられ、自分でもそう思っていた。まして、笑うべき正当の理由がないのに笑うことは、許すべからざる不倫なこととしか思われなかった。

あるとき、ある家のおばさんが、「それはどこかおなかに弱いところのあるせいでしょう」と言ってくれたときには、ありがたい福音を聞くような気がした。自分の意志では制しきれない心の罪が、どうにもならない肉体の罪に帰せられたように思われたのである——。

突発する「例の笑い」

寺田寅彦は、自身にある心理現象を内察することをおぼえてから、なんどもこの「特殊な笑い」の分析的な解説を求めようとしました。しかしそれは、自分の力に合わないむずかしい問題で、結局は「じぶんの神経の働きかたには、どこか異常な欠陥があるのだろう」といった、不愉快で心細い結論に達するだけでした。

＊

いったい私にとっては笑うべき事と笑う事とはどうもうまく一致しなかった。たとえば村の名物になっている痴呆の男が往来でいろいろのおかしい芸当や身ぶりをするのを見ていても、少しも笑いたくならなかった。むしろ不快な悲しいような心持ちがした。酒宴の席などでいろいろ滑稽な隠し芸などをやって笑い興じているのを見ると、むしろ恐ろしいような物すごいような気がするばかりで、とてもいっしょになって笑う気になれなかった。もっともこれは単にペシミストの傾向と言ってしまえば、別に問題にはならないかもしれないが。

(同前)

そうかと思えば台風の最中「雨戸を少しあけて、物恐ろしい空いっぱいに樹幹の揺れ動き枝葉のちぎれ飛ぶ光景を見ている」ようなとき、突然笑いがこみあげてくる。そして、嵐の物音のなかに流れこむ自分の笑い声を、きわめて自然なもののように感じるのだった。あるいは、門前の川が氾濫して道路を浸しているとき、膝まで没する水の中を歩いていると、水の冷たさが腿《もも》から腹にしみわたってくる。そうしてからだじゅうがぞくぞくしてくると、同時にまた「例の笑い」が突発する。

もうひとつの場合は、人から不利益な誤解を受けて、それにたいする弁明をしなければならないとき、その弁明が無効であることがだんだんにわかってくると、「例の笑い」が不意に呼びだされる。これはもっとも具合の悪い場合で、それを意志の力で食い止めることは、他人には想像できない困難だった。

こうした不合理な笑いを、自分特有の病的の精神現象ではないかと思っていたが、気をつけてみると、必ずしも自分だけにはかぎらないことがわかってきた。子どものころに不幸見舞いに行って笑いだしたことや、本膳《ほんぜん》をふるまわれ、食べているあいだにふきだした経験を話すものも2、3人いた。

あるとき火事で焼けだされ、神社の森にもちだした家財の番をしていた中年の婦人が、見舞いの人びとと話しながら、さもおかしそうに腹の底から笑いこけていた。戦争の惨劇が頂点に達したとき、突然笑いに襲われるという異常な現象もどこかで読んだことがある。

これらはむしろ「狂」に近い例かもしれないけれど、いろいろな事実を総合して考えると、「笑い」という現象の機能や本質について、なにかしらのヒントを得られるかもしれない。

＊

「笑い」の現象を生理的に見ると、ある神経の刺激によって、腹部のある筋肉が痙攣的《けいれんてき》に収縮し、肺の中の空気が周期的に断続して呼びだされるということである。息を呼出する作用に、それを食い止めようとする作用が、交錯しておこるようだ。ところが、ある心理学者の説を敷衍《ふえん》して考えると、そういう作用がおこるので、初めて「笑い」が成立するのだという。つまり、「笑うからおかしいので、おかしいから笑う」のではないことになる。自分が初めてこの説を見いだしたときには、熱心に探しまわっていたものが、突然手に入ったような気がしてうれしかった。

笑う前に、その理由を考えてから笑うことは不可能だとしても、笑ってしまったあとで、その行為の解明がつかないのは申し訳のないことだと思っていた。しかし、その困難な説明が、どうやらできそうな心持ちがしてきた。

それにはこの学者の説と、よそのおばさんが昔言った「どこかおなかに弱いところがあるせいでしょう」ということとを、合わせて考えてみるとよさそうなのである――。

感情と怪異

自身の身におこる奇妙な「笑い」と、「笑い」にともなう感情を精密に観察した寺田寅彦は、災害やそれに関連する怪異現象にたいしても鋭い感覚で接しています。

「怪異考」（1927年）という文章で寺田は、物理学徒としての自分は日常普通に身辺に起こる自然現象に不思議を感じることは多いものの、古来のいわゆる「怪異」なる存在を信じることはできないといいます。しかしそれでも、私たちの祖先が昔から多くの「怪異」に遭遇し、それを「目撃」してきたという人事的現象としての「事実」は否定していません。

そんな寺田は、郷里の高知付近で知られている「孕《はらみ》のジャン」と呼ばれる怪異に注目します。

「孕のジャン」は非常に珍しい現象で、夜半に「ジャーン」と鳴り響き、海上を過ぎていく物（者）だといいますが、その音を唱えるものの姿形は、まだだれも見たことがないそうです。

この話を導き出しそうな音の原因に関する自分のはじめの考えは、もしや昆虫かあるいは鳥類の群れが飛び立つ音ではないかと思ってみたが、しかしそれは夜半の事だというし、また魚が釣れなくなるという事が確実とすれば単に空中の音波のためとは考えにくいと思われた。ところが先年筑波山の北側の柿岡の盆地へ行った時にかの地には珍しくない「地鳴り」の現象を数回体験した。その時に自分は全く神来的に「孕のジャンはこれだ」と感じた。この地鳴りの音は考え方によってはやはりジャーンとも形容されうる種類の雑音であるし、またその地盤の性質、地表の形状や被覆物の種類によってはいっそうジャーンと聞こえやすくなるであろうと思われうるたちのものである。そして明らかに一方から一方へ「過ぎ行く」音で、それが空中ともなく地中ともなく過ぎ去って行くのは実際他に比較するもののない奇異の感じを起こさせるものである。ちょうど自分が観測室内にいた時に起こった地鳴りの際には、磁力計の頂上に付いている管が共鳴してその頭が少なくも数ミリほど振動するのを明らかに認める事ができたし、また山中で聞いた時は立っている靴の底に明らかにきわめて短週期の震動を感じた。これだけの振動があれば、適当な境界条件の下に水面のさざ波を起こしうるはずであるし、また水中の魚類の耳石等にもこれを感じなければならないわけである。もっとも、魚類がこの種の短週期弾性波に対してどう反応するかについて自分はあまりよく知らないが、これだけの振動に全然無感覚であろうとは想像し難い。

（寺田寅彦「怪異考」）

怪異にたいする寺田の鋭いまなざし、冷静な考察は、「例の笑い」にたいする態度とどこか似てはいないでしょうか。

私は寺田が天変地異と人間の感情を同じ地平でみていて、その困難の克服を考えていたような気がしてならないのです。

文化的反応としての笑い

樋口和憲さんが書いた『笑いの日本文化――「烏滸《おこ》の者」はどこへ消えたのか？』（２０１３年）は、「笑い」の歴史、「笑い」の儀式について、たいへん示唆に富む視点を提供してくれます。

樋口さんはフランスの哲学者アンリ・ベルクソン（1859〜1941）の『笑い』（1900年）から、「文化的反応としての笑い」という概念を導きだし、さらにオランダの歴史学者ヨハン・ホイジンガ（1872〜1945）や柳田国男の考察に視野を広げていきます。

＊

ベルクソンを代表とするこれまでの「笑い」の研究は、社会・文化反応的な「笑い」や集団的な「笑い」を、歴史的な社会構造の一断面で切りとって考察してきた。しかし、「日本人の笑い」や「笑いの日本文化」を考えようとするとき、それだけでは足りないように思える。

人間の「笑い」を社会的・文化的反応としてみたとき、その特徴は文化によってつくられた「集団的な笑い」である。「笑い」とは、その時代の歴史的な成り立ちと社会背景がもたらす価値観に裏づけられた反応であり、社会的・文化的な規範に強く規定され、意識づけられた反応現象だということができる。

樋口さんによるとそれは、災害のなかで立ち現われてきた「烏滸の者」や「烏滸の精神」、あるいは「烏滸の文化」は災害にたいする文化的反応としての「笑い」であり、その時代の精神を映しだしたものだといえる。そしてそこには、「ケガレ」と「ハレ」の社会的・文化的な二元性の意識が大きく反映されている。そして、社会的・文化的な反応としての「笑い」は、その本質的特徴として二元的対立性をもったものである。

ホイジンガは『ホモ・ルーデンス』(1938年)で、古代における人間の社会生活が、共同社会そのものの対立的・対比的構造の上に築かれていたことに注目し、社会的遊戯の対立的性格を考察した。ホイジンガは、「遊戯」が聖なる祝祭と密接なつながりがあることを発見し、祝祭のもつまじめさ、厳粛さ、時間的・空間的制約、厳しい規定性とそれらとは対立する「真の自由」の融合が遊戯の源泉だといった。

社会的・文化的反応としての「笑い」も、遊戯と同様に祝祭を源泉とし、本質的特徴として、そのような二元的な対立構造の上に生まれ、つくられていく。

*

樋口さんはこうした議論を展開したうえで、柳田国男の「笑いの教育」(1932年)という文章を引きます。

神に祷《いの》りの詞《ことば》、魔物には呪文、同じ人間どうしでも協力のために歌謡が有るがごとく、争って相手を制するには嘲弄というものがあって、敵を笑わるる者とし味方を笑う者とすることによって、しばしば武器腕力の行使を節約したのではないかと思う。

（柳田国男「笑いの教育」）

平和的交渉としての「笑い」という柳田のこうした視点は、「笑い」をはじめとした感情と一見結びつきにくそうな、「ウソ」をめぐってもくりひろげられていきます。「ウソ」によって「笑い」は呼びさまされる、あるいは「笑い」は招かれる。共同体に不足している感情を、私たちの祖先はつくりだしてきたという話をこれからしていきます。

4 「笑い」と「ウソ」

村には評判の〝ウソつき〟がいた

柳田国男はじつは、日本人のつく「ウソ」についてかなりまじめに調べたり、考えたりした人でした。日本の村々には、たいていひとりは「評判のウソつき」というべき老人が住んでいて、人びとを楽しませて大笑いさせていたと柳田はいうのです。

村には談話によって退屈を紛らし、また時々は笑いの爆発によって、単調を破るべき必要がつとに存した。

つまりかつての日本人は、人生を明るく、おもしろくするために、ウソは社会に欠かせないものだと、考えていたようなのです。

人望のあるウソは必ず話になっている。むつかしい語で申せばもう文芸化している。おやと思って聴いているうちに、すぐにウソと解《わか》っておかしくなるもの、または最初から思いもよらぬ奇抜なことを、おれが若い頃になどと談《かた》るのだから、聴衆の方でも至って心安く、その技術を鑑賞することができたので、これがなかったら我々の文学は、今日のように愉快に発達することができなかったのである。

（柳田国男「ウソと文学との関係」）

（同前）

こうした歴史からみたとき、村里における彼らの地位は偶然のものではなく、名声を報酬としていた点では学者や文人と大して異なるところはありませんでした。柳田はつづけて、村の〝ウソつき〟の沿革と、その技術について説いていきます。

歴史的にこの沿革を見ると、以前はウソつきは一つの職であった。業とまでは言えない村々のおどけ者でも、常に若干の用意と習熟とがあり、誰にも望めないである一人はよく知られ、それを特長として人からも承認するのみか、少しく技能が衰えるとたちまち取って替ろうとする者が現われるなどは、いずれもその地位の偶然でなかったことを思わせる。即ち名声をもって無形の報酬としていた点だけは、学者文人などとも大して異なるところがなかったのである。

（同前）

私たちが知らないところで、〝ウソつき〟は技術を磨き、その〝評判〟を維持するために暗闘の歴史があったと柳田は想像します。かつての日本で、高名の〝ウソつき〟が英雄と同じように記憶され、多くのエピソードが伝えられているのは、彼らにたいする尊敬の念にもとづくものでした。しかし、「彼らはおいおいにウソを隠すようになってきて、新たに不必要に罪の数を増やした」。柳田はこういう点で、「近代人はかえって自由でない」と嘆くのです。

柳田は、「ウソ」による「笑い」が共同体にとって必要不可欠なものであったこと、その技術が賞賛されたこと、「笑い」という感情をいきわたらせることの意味について解きあかそうとしているのです。

「ウソ」の歴史

柳田はさらに、「ウソ」が果たしてきた民俗的機能を掘りおこしていきます。「かまぼこが板に乗って泳いでいる」とか、「海の中でメザシが隊列を組んでいる」といった話は、かなり古くから語り伝えられてきたようだと柳田はいいます。「人望のあるウソは必ず話になっている。むつかしい語で申せばもう文芸化している」とし、庶民にとって、「ウソ」は日々の暮らしに彩りをそえるエンターテインメントだったとみなします。

「ウソ」という日本語は柳田によると、3、400年前の日本の記録には、探しても見つからないそうです。それでも日本に「ウソ」を表わす言葉がなかったとは考えられないので、現在の私たちが「ウソ」と呼んでいるものは、別の言葉で呼ばれていたらしい。たとえば関東では、近代になっても「ウソ」を「オソ」と発音する人がいました。「オソ」はもともと、各地の方言にみられる「オゾイ」という形容詞と同じ言葉で、「つまらない」

や「バカバカしい」を意味し、それを口にする人の品性を批評する言葉でした。

柳田は「ウソ」にあてられていた漢字からも、「ウソ」の歴史をたどっています。

中国で「嘘」は、「息を吐く」、「口を開いて笑う」という意味しかなく、「まじめでない」や「無益の弁」を指す字でした。また、子を「うむ」や「うまれる」を意味する「誕」を辞典で引くと、「でたらめを言う。でたらめ。また、でたらめを言ってあざむく」という意味が出てきます。「誕」の字義は「う（まれる）」のほかには、「いつわ（る）」と「ほしいまま」なのです。

柳田はこうしたことから、「ウソ」はかつては虚偽よりも、おもしろいお話という意味合いのほうが強かったこと、それが近代になると「ウソ」と「虚偽」を区別せず、ひとくくりにし、「ウソつきは泥棒の始まり」という言葉に示されるように、「ウソ」を悪事だと認定する風潮がおこってしまったのだというのでした。

「ウソ」を叱る

柳田は、自分自身も少年時代は「ウソつき」だったと述懐しながら、当時3歳だった弟（輝夫、のちに日本画家になった松岡映丘）がついたウソと、それにたいする周囲の反応を描いています。

弟が豆腐屋で買ってきた油揚げを見ると、油揚げの先が三分ばかり欠けていました。その理由について弟の説明は、「いま上坂の方から鼠が走ってきて、味噌こしに飛び込んでこれだけ食べて行った」というものでしたが、このウソの聴衆は同情に富んだ人ばかりだったのです。ふだんは口やかましい母親も、このときばかりは「おかしそうに笑」い、3歳の子どものついたウソに気持ちよくだまされて、「いたいけな最初の知恵の冒険を、成功させてやったのである」。柳田はそして、「すぐ叱ることは有害である。そうかと言って信じた顔をするのもよくない。また興ざめた心持ちを示すのもどうかと思う」といい、感情のままに存分に笑うと、ウソをついた子どもは人を楽しませる愉快を感じ、「想像力の豊かな文章家になるかも知れない」と考えたのでした。

5 笑う祭と泣く祭

神の前で「笑う」祭

樋口和憲さんの『笑いの日本文化』によると、そもそも「笑」という漢字は、「巫女」が両手をあげ、身をくねらせて舞い踊る形を示しているのだそうです。また白川静の『常用字解』（2003年）には、「神に訴えようとするとき、笑いながらおどり、神を楽しませようとするようすを笑といい、『わらう、ほほえむ』の意味となる」とされているそうです。

「笑い」を増殖させて、神の笑いを引きだし、「安寧」を得ようとする呪術的な「笑い」の儀式は、近代化以降も日本の各地に残されています。そうした「笑い」の儀式のなかでも典型的なのは、各地の正月の「初笑い神事」です。そのひとつとして樋口さんが最初に紹介するのは、三重県志摩市浜島町の新春行事「鼻かけえびす初笑い神事」です。

かつて浜に漂着した恵比寿神を、漁師が拾ってお祭りしたのがはじまりといわれています。

この神事では、かつて浜に漂着した恵比寿神「鼻かけえび」を人びとが囲み、南側の海に向かって万歳しながら「ワーハッハッハ」と3回大きく笑うと福を招くといわれます。その年が豊漁か不漁かは、笑いがうまくできるかどうかにかかってくるといい、「笑い」はつまり「年占い」でもあったのです。

大阪府東大阪市の枚岡《ひらおか》神社では、冬至の日に「注連縄掛《しめなわかけ》神事」という笑い神事がおこなわれます。新しくつくった注連縄を古い注連縄と掛けかえるのに合わせておこなわれ、掛けかえられた注連縄の前で、「アッハッハッアー」という宮司の笑いに先導されて、一同が「アッハッハッアー」と3度笑うのです。

「笑い講」

山口県防府市の小俣八幡宮で、毎年旧暦12月1日におこなわれてきたのが「笑い講」です。

そのはじまりは鎌倉時代の1199年（元治元）といい、農業の神「大歳神」を迎えてその年の収穫を感謝し、来年の豊作を祈願するという神事です。現在も毎年12月の第1日曜日に日にちを設定しておこなわれています。

神官が「笑い神事」を宣言すると、神前に供えてある2本の大榊を対座する講のメンバー2人に渡す。すると2人は、大声で「あっはっは」と3度笑う。その笑いの第1声は今年の豊作を喜び感謝するため、第2声は、来年の豊作を祈願するため、第3声は今年の苦しみや悲しみを忘れるために発するものといわれています。笑い声が小さかったり、ふまじめだったりすると、講の長老は何度でもやりなおしをさせるのだそうです。

神の前の儀礼の「笑い」は、豊作や共同体の平安を祈願するものですが、祭の日に大笑いすることで、五穀豊穣につながるという信仰は、現在も受けつがれているのです。

真夜中の「笑い祭」

ここまででは昼間や朝の神事でしたが、愛知県名古屋市の熱田神宮の「酔笑人神事《えようど》」は旧暦の5月4日の夜におこなわれます。この神事は、神宮のご神体である草薙神剣が熱田神宮に還ってきた故事にちなみ、夜の暗闇の中、神主が草薙神剣を笑いながら移動させるのです。

神宮の説明によると、その夜、境内の灯りはすべて消され、影向間社《ようごのましゃ》と神楽殿《かぐらでん》前、別宮八剣宮《はっけんぐう》前、清雪門《せいせつもん》前の4か所で、神職たちが喜びを込めて笑う。これは、天智天皇の時代から一時皇居に留まって神剣が、天武天皇の朱鳥元年（686）の勅命で、熱田神宮に戻ってきたのですが、このときこぞって喜んださまを伝えるものだといいます。

神事の際には境内の灯りが消されるだけでなく、祝詞も神饌もないそうです。神職たちは「見てはならない」と伝える神面を装束の袖に隠しもち、「中啓《ちゅうけい》」という扇でそれを軽く叩いたのち、全員がいっせいに「オホホ」と笑う。

文化人類学者の山口昌男（1931〜2013）はこの儀式について、「笑いを通じて、得体の知れない恐怖とか、暗闇というものを征服しようとする人間の最初の行為みたいなものが儀礼とし残された」(「笑いについて」『笑いと逸脱』1984年)と指摘しています。

神の前で「泣く」祭

ここまでは樋口さんの著作をもとに、神の前で「笑う」祭を紹介してきましたが、日本には神の前で「泣く」祭もあります。テレビのニュースなどでもよく取りあげられる「泣き相撲」は、1歳前後の幼児の泣き声を土俵上で競わせる風習・神事です。

現代ではおもに、幼児の成長や健康を祈る目的でおこなわれていますが、神社でおこなわれるもののなかには、氏神に、新しい氏子を披露する意味もあります。

相撲の勝ち負けは、相手より先に泣いたほうを勝ちとするもの、あるいは逆に負けとするものなど地域によって違いがあり、ほんらいは勝敗に関係なく、大声で泣かせることが目的だったと思われます。また先に泣くか、笑ったほうを勝ちとする「泣き笑い相撲」もあります。両方ともに泣いた場合は、声が大きいほうが勝ちとなり、勝負がつかなかった場合はそこで引き分けになります。

＊

「感情を祀る」といってはいいすぎですが、「涙を祀る」神社があります。

奈良県橿原市にある畝尾都多本《うねおつたもと》神社は、天香久山《あまのかぐやま》の北西麓に鎮座し、「泣沢《なきさわ》」という名の井戸が神体として祀られ、神域は「なきさわのもり」と呼ばれています。

創建年は不明ですが、『万葉集』巻第2の202に、「哭沢の神社に神酒すゑいのれども　わご王は高日知らしぬ」（泣沢神社の女神に神酒を捧げて、甦じられた皇子の延命を祈っているのに、皇子はついに天をお治めになってしまわれた）、その左注に、「右一首、類聚歌林に曰はく桧隈女王の泣沢神社を怨むる歌といへり。日本紀を案ふるに云はく、十年丙申（696年）の秋七月辛丑の朔の庚戌、後皇子尊薨りましぬといへり」と記されています。これは、持統天皇10年（696）に、桧隈女王が再生の神に神酒を捧げて高市皇子の延命を祈ったのに蘇ることはなかったという、泣沢女神を恨む和歌なのです。

日本には涙を神格化した神がいて、その神の涙を祀った神社があることは、私たちの感情の歴史の1ページとしておぼえておいてほしいものです。

6 『「いき」の構造』の「いき」

「媚態」と「意気地」と「諦め」

九鬼周造（1888〜1941）の『「いき」の構造』（1930年）は、通俗的によく用いられている「いき」というもの（こと）を、哲学的・美学的方法で、分析、解釈し、定義づけようとした本です。あるいは分析、解釈、定義づけできるのかという問題に取りくんだ試みであり、ここでは他者にたいする感情のありようが考察されているのです。

「いき」という言葉は、現在それほど日常的に、口にされることは多くはありません。強いていうと、漢字で「粋」と書き、その文字じたいを記号的に用いて、なにかしらの対象に、洗練されたイメージを付与することはおこなわれているでしょう。
しかし、だれかに向かって「いきだねぇ」といったところで、古風をまとった諧謔だと受けとられかねず、「瀟洒」や「おしゃれ」が「いき」を代替しているかもしれません。

生きた哲学は現実を理解し得るものでなくてはならぬ。我々は「いき」という現象のあることを知っている。しからばこの現象はいかなる構造をもっているか。「いき」とは畢竟《ひっきょう》わが民族に独自な「生き」かたの一つではあるまいか。

（九鬼周造『「いき」の構造』）

「いき」と「生き」の掛け詞（駄洒落？）からしてそうですが、この書物は、高度な〝思弁性〟と主題・対象・動機の〝通俗性〟があまりにも見事にかみ合っているため、九鬼の理屈にだまされているのではないか、からかわれているのではないかという疑いの目を向けたくなりそうです。

――派手《はで》とは葉が外へ出るのである。「葉出」の義である。地味《じみ》とは根が地を味わうの――

である。「地の味」の義である。前者は自己から出て他へ行く存在様態、後者は自己の素質のうちへ沈む存在様態である。

(同前)

こうした一見すると言葉遊びのようにもみえる言葉の解釈、あるいは修辞は、本書のいたるところにちりばめられています。

「いき」の構造を構成する要素(契機)について、このように九鬼は説明しています。「いき」の構造は「媚態」と「意気地《いくじ》」と「諦め」との三契機を示している。第1の「媚態」はその基調を構成し、第2の「意気地」と第3の「諦め」のふたつはその民族的、歴史的色彩を規定している。「意気」すなわち「意気地」である。意識現象としての存在様態である「いき」のうちには、江戸文化の道徳的理想が鮮やかに反映されている。「諦め」は運命にたいする知見に基づいて執着を離脱した無関心である——。

「媚態」と「意気地」と「諦め」。このようなきわめて世俗的感情を概念として用い、具体的な表現、あるいは現象を挙げながらこの論考は展開していきます。

＊

九鬼によると「媚態」とは、「二元的」な自己が自己にたいしてある異性を措定し、自己とその異性とのあいだに可能的関係を構成する「二元的態度」だといいます。そして、「いき」のうちにみられる「なまめかしさ」や「つやっぽさ」や「色気」といった態度、感情、現象は、「二元的可能性」にもとづいた「緊張」にほかならないというのです。九鬼はここで、異性間に生じる交渉、交流、交際における関係性の取りようを「二元的」というふうに表現しているのでしょう。

> ……この二元的可能性は媚態の原本的存在規定であって、異性が完全なる合同を遂げて緊張性を失う場合には媚態はおのずから消滅する。
> (同前)

『「いき」の構造』の哲学的思考の背後には、かなり明確な風俗が措定されていることが、読みすすめていくうちにはっきりとしてきます。ここでいう風俗は、柳田国男が『明治大正史世相篇』（1931年）で「恋愛技術」をあつかったのと同じように、学問の対象とみなされにくいものですが、ある時代の、ある文化を共有していた人びとにおこった注目すべき感情領域だったのです。

「関係性」のデザイン

媚態は異性の征服を仮想的目的とし、目的の実現とともに消滅の運命をたどるとして、九鬼はある文学作品の一節を示します。

> 永井荷風が『歓楽』のうちで「得ようとして、得た後の女ほど情無《なさけ》いものはない」といっているのは、異性の双方において活躍していた媚態の自己消滅によって齎《もたら》された「倦怠、絶望、嫌悪」の情を意味しているに相違ない。それ故に、二元的関係を持続せしむること、すなわち可能性を可能性として擁護することは、媚態の本領であり、したがって「歓楽」の要諦《ようたい》である。
>
> （同前）

この書物をはじめて読んだ人は、「得ようとして、得た後の女ほど情無いものはない」という一節にふれたとき、これがいったい哲学書や美学書なのかと驚いたり、眉をひそめたりするかもしれない。もしかするとジェンダー的観点から、妥当か否かを問う声も聴こえてきそうです。しかし、こうした対象の特殊性、限定性は本書にとって必然なのです。『「いき」の構造』は、近代化によって失われたある時期、ある地域、ある人びとのあいだに共有された文化のなかに、日本人のもっともすぐれた「美学」を求めようとしたため、著者はあえて、アクロバティックな仮説を駆使しているのでしょう。そして、そのために取りあげられる素材の奇抜さが、九鬼の博識を知らしめるとともに、そうした現象こそ哲学の主題にすべきだという、挑戦的かつ冒険的な態度を楽しむべきだと思います。

＊

また、「媚態」を構成する二元的態度、「いき」がもつ「二元的可能性」は、コミュニケーションのデザイン、関係性のデザインと、いいかえることができそうです。

九鬼によると、「いき」の客観的表現は、自然的表現（自然形式としての表現）と芸術的表現（芸術形式としての表現）の、ふたつに区別することができます。そして、自然的表現の現われである身体的発表としての「いき」は、視覚において、もっとも明瞭かつ多様なかたちでみることができるのだといいます。

意味体験としての「いき」がわが国の民族的存在規定の特殊性の下に成立するにかかわらず、我々は抽象的、形相的の空虚の世界に堕してしまっている「いき」の幻影に出逢う場合があまりにも多い。そうして、喧しい饒舌や空しい多言は、幻影を実有のごとくに語るのである。

（同前）

「いき」にたいする九鬼のこうした諦念を、一方通行的なコミュニケーションにおちいりがちな、現代の感情表現と重ねあわせて考えてみることはできないでしょうか。

7 「らしさ」のゆくえ

「人間らしさ」と「自分らしさ」

「感情」を人間に特有のものとしてもしみようとするとき、「人間らしさ」とはなにかという問いが立ちはだかってきます。またそれとともに、「らしさ」というものも、感情を左右する大きな要因のひとつではないか、という仮説が立ちあがってくるのです。

＊

「人間らしさ」や「人間性」をその特徴とする「人間」が、「反・人間」や「非・人間」によって浮かびあがるものだとすれば、日本の民俗では「鬼」がその代表的な存在でしょう。

小松和彦さんは『鬼と日本人』のなかで、「鬼とは人間の分身である」といい、「鬼は、人間がいだく人間の否定形、つまり反社会的・反道徳的人間として造形されたもの」なのだとのべています。

そして、一般にみて鬼の属性は、「夜中に出没し、子女や財宝を奪い取っていく、酒を好み、いつも宴会や遊芸・賭けごとに熱中する、徒党を組んで一種の王国をつくっている、山奥や地下界、天上界に棲んでいる……」（同前）といったもので、こうした属性は、「社会的・道徳的人間」の否定項として挙げられるものであり、鬼の属性とみなされるような立ち居ふるまいを人間がしたとき、その人間は鬼とみなされると小松さんは指摘しています。

「人間らしさ」とならんで感情を左右しそうな「らしさ」、「自分らしさ」ではないでしょうか。

*

なにかによってほんらいの自分がおさえられ、「自分らしさ」を発揮できないことに不満を覚える人が少なからずいます。そういう人は、自分の姿や自分の心を探しだそうとします。

「自分探し」という言葉があるように、「その人自身。自己。自身」がわからない、あるいは見つけられないという人は、「自分らしく」生きる以前に、おそらく自分自身が不明なのでしょう。

「自分」という言葉を辞典（『日本国語大辞典第二版』）で引くと、代名詞である「自分」は、「①（反射指示）」として「その人自身。自己。自身」とあり、「②自称」では、「わたくし。多く、男性が改まったときに用いる。また、もと日本の軍隊で、自称に用いられた」と軍隊での使用にふれ、「③対称」においては、「「御自分」「御自分様」の形で用いられた」とされています。

「自分」の感情をどのようにコントロールするかについて悩む前に、「自分らしさ」とはいったいなにかから考えてみると、手がかりがつかめることがあるかもしれません。

「わざとらしさ」と「もっともらしさ」

「わざとらしさ」は、副詞の「態と《わざ》」に「らしい」を付けた「態とらしい」を、接尾語「さ」により体言化した名詞で、この「らしさ」も感情を左右しているように思います。

わざとらしさは他人に「芝居がかっている」とか、「不自然」だという印象を与えるため、不快感や嫌悪感をもたらすことがあります。そのいっぽうで、わざとらしさは主観的なものであり、ある人がわざとらしさを感じることでも、ほかの人は自然なふるまいととらえることとるでしょう。

否定的にとられがちな「わざとらしさ」にたいし、一時期、「あざとさ」の評価が高まったことがありました。「あざとさ」から派生した「あざとかわいい」という言葉もはやり、人気を集めたのです。

『広辞苑』で「あざとい」は、「①思慮が浅い。小利口である。②押しが強くて、やり方が露骨で抜け目がない」とあります。ある時期芸能人たちは、「露骨で抜け目がない」ことを武器にして人気を獲得し、「あざとさ」もまた市民権を得るに至ったのでした。

「もっともらしさ」という「らしさ」も、「らしさ」が抱える一面をよく表しているように思います。「もっともらしさ」という言葉が、なにかを装っているけれど実質がないこと、外見やふるまいを真似ていても実質がともなっていないことを意味しているとすると、それは「らしさ」の性格そのものなのではないでしょうか。

そして私たちが、「もっともらしい」感情に囲まれ、また「もっともらしい」感情で生活をやりすごそうとしているような気がするのです。

8 感情の政治性と社会性

冷笑は笑いか、怒りか

ＳＮＳのなかで、「本当に怒っている人」はいるでしょうか。また心から、感情的に「キレている」人を私はみつけられないでいます。ＳＮＳで共感の「いいね」を集めているアカウントにしても、さまざまな出来事にたいして「うまいこと」をいい、怒ってみせているだけではないでしょうか。この「うまいこと」、「共感を得られそうなこと」は、無名の人、匿名の人にも簡単に真似することができます。ですから、そこでの「怒り」は、ある種の芸にすぎず、ほとんどの場合、本気で怒っているわけではない。それにたいし「いいね」を付ける人たちも、日々溜飲を下げるばかりで、「怒り」を遮断しているのではないでしょうか。

またこうした怒りのしぐさやレトリックは、確固たる思想や信念を背景にしたものではありません。ですから、「うまいこと」をいう人たちは、政治的な立場を変え、それまでとまったく別の立場からでも、「うまいこと」をいうことができるのです。彼らはじつは「政治的」に見えて、まったく「政治的」ではない。そして「社会的」でもありません。

＊

いまのべたことは、ＳＮＳ上の、また実際の社会でみられる「冷笑」と裏腹の関係にあります。

そこで思いうかべるのは、古典修辞学で「包み隠さず話すこと」、あるいは「そう話す許しを得ること」を意味する「パレーシア」です。「パレーシア」は自由な言論とともに、危険を冒してでも公益のために真理を話す義務をも意味します。

哲学者のミシェル・フーコー（１９２６〜１９８４）は、古代ギリシアにおける「パレーシア」を次のように要約しています。

パレーシアは、話者が自己の真理への個人的な関係を表現し、自らの生命を危険にさらす言葉の活動である。なぜなら、彼は（自分自身同様に）他人を改善させる、あるいは助けるための義務として真理を語ることを承知しているからである。パレーシアのなかで、話者は、大胆に話し、説得の代わりに率直さを、嘘や沈黙の代わりに真理を、身の安全の代わりに死の危険を、おべっかの代わりに批評を、利己心と道徳的な無関心の代わりに道徳的な義務を選ぶ――。

ＳＮＳ上にはびこる感情のないつぶやき、他者と同じ土俵に乗ることをあらかじめ拒する冷笑にたいして、「パレーシア」は覚えておいていい言葉だと思います。

いったい「冷笑」は感情といえるのでしょうか？　私は、冷笑は現代ではあたかも立派な「感情」として認められ、冷笑自身も「感情」としてふるまっているように思える。また「無関心」も「冷笑」と同様に「感情」であるかのようにみなされ、「感情」としての立ち位置を確保しているような気がしてなりません。

それにたいして「パレーシア」は、冷笑や無関心の実体を暴くこと、それらがなんら感情ではないことに、力を発揮するのではないかと思うのですがどうでしょうか。

「ジレる」と「キレる」

柳田国男は「涕泣史談」で、子どもがおこなう「ジレる」という行為についても、感情の面から考察しています。

＊

子どもの泣くということは、至って単純なもののように考えられがちである。しかし彼らが、いっさいの表現をこれに託する期間は短く、少しく大きくなると、もうほかの動機がまじり、泣く声にも変化がおこる。子どものほうでも、無邪気ながらも若干の計略をめぐらせる。

……たとえば一ふんばり強調してみたら、希望を達するかも知れないと思うときに、子供はまた別な調子でひと泣きしてみる。これを全国ひろい地域に亙ってジレルといい、またそういう挙動をジラとも謂う。東京などのジレル・ジレッタイは、もう少しちがった意味に使われているが、起こりはすべて一つで、古語のシレ者、即ち知りつつ道理のないことを言うことである。

（柳田国男「涕泣史談」）

*

こういう泣きかたをする子どもは、じつは幸福な家庭に多く、孤児や、貧しい家の子だくさんの家の子どもなどは、そんな泣きかたをしても無効だから泣きはしない。むしろ、そういう目的で泣ける子どもは羨んでもよい存在だと柳田はいいます。

おとなの泣くのにもほんらいは、いろいろな用途があり、柳田は今日（当時）ではすたれてしまったもののひとつに、「デモンストレーション」というべき泣きかたがあったといいます。

たとえば夫婦喧嘩や、それ以外でも、やや力の差があるものが闘争する場合、大きな声を立てて第三者の注意を呼びおこし、その公平な批判をうしろだてにしようという目的で、すぐ街頭に進出して泣きわめく。「夫婦喧嘩は犬も食わぬ」といったのもこのためで、路傍に落ちているもののなかでは、いちばんまずいものだからでした。

最初のうちは、有効な方法だったので流行したものの、のちになると、ただ恥さらしの笑われ草となったため、次第に流行しなくなった。このように「夫婦喧嘩」も、感情の歴史、感情の民俗と切りはなせない表現行為だったのです。

「残酷」という感情

1960年（昭和35）1月29日、平凡社の『日本残酷物語』シリーズの創刊を機会に、美術家の岡本太郎（1911〜1996）、作家の深沢七郎（1914〜1987）、そしてこのシリーズの編者のひとりである民俗学者の宮本常一（1907〜1981）の3人による座談会がひらかれました。「残酷ということ——「日本残酷物語」を中心に」と題して、雑誌『民話』に掲載されたこの座談会の口火を切ったのは、デビュー作『楢山節考』で時代の寵児となっていた深沢七郎でした。

深沢の小説『楢山節考』は、1956年に第1回中央公論新人賞を受賞し、翌年2月には同名の作品集が刊行されました。戦後の日本人が近代以前の因習として目を背けてきた棄老の風習、ある年齢に達した老人を山に捨てにいくという習俗を文学化して、大きな話題を巻きおこしたのでした。そんな深沢の言葉です。

残酷、残酷というけれど、このごろのはやりことばのようにぼくは感じますね。何かいままでぼくはウバ捨てを残酷だとは思わなかったですけれど、あれが小説に出てから、残酷、残酷といわれて、「そうかなあ、残酷かなあ」と思いましたね。――残酷だったんだなあと――あとで自分でみとめますけれどね。

（「残酷ということ――「日本残酷物語」を中心に」）

宮本は、深沢がウバ捨てを「残酷とは思わなかった」といったことにたいしてつぎのように応じます。

東北の方へまいりますと、人が死んだりなんかしましょう。そのときのアイサツに「残酷でござんした」とか「残酷でございました」とかいうように、いいつかっているんです。例えば、「おきのどくでございました」というようなのと同じような意味ですね。（中略）それがどういう意味で使われているかというと、自分の意思ではないのにそうなっていったというような場合に使っているんです。そしてわたしはそのことばには非常に愛着をもっているんです。

――（同前）――

宮本がここで取りだした「残酷」という感情は、東北特有のものではなく、私たち日本人の死生観にかかわる重要な感情だと思います。そして、宮本が「そのことばには非常に愛着をもっている」というように、私たちが歴史を育むうえで推進力にもなってきた、じつは積極的な感情だったと思われるのです。

広島弁の「いなげな」

橋川文三（１９２２〜１９８３）という私がたいへん敬愛する政治学者、思想史家がいます。その橋川に「広島弁の弁」（１９５９年）という文章があります。

橋川は、長崎県上県郡峰村（現・対馬市）に生まれ、３歳のとき、父親の故郷・広島県安芸郡仁保村（現・広島市南区仁保）に一家で帰郷し、安芸郡海田町などで育ちました。「広島弁の弁」はこんな内容の文章です。

＊

広島県安那郡加茂村（現・福山市）で生まれた作家・井伏鱒二の短編小説「丹下氏邸」（1931年）に、離れて暮らしていた老夫婦が対面する場面がある。そこで妻が「それこそ、いなげな人だがな」という言葉を投げかけると、夫が「私らが何で、いなげじゃろう」と抗弁する。

……この言葉などは、広島ことばとしてはいい味わいがあり、郷土的な色気のこもったいいことばであろう。本来は「異な」という意味であろうが、人に向っていうときは、軽蔑の意味にもなるが、愛情のパラドキシカルな表現の意味でも用いられる。疑惑、ためらい、好奇心をともなう反撥などの含みもあって、便利なことばである。

（橋川文三「広島弁の弁」）

子どもたちが算術の試験問題でてこずると、「いなげな問題じゃのお」とつぶやいて鼻をこする。女性がすねて「いなげな人！」というときは、「いやな人！」というより、もっとふくよかな感情の表現だと思われる。筋金入りの人格者が、「いなげなことをするな！」と叱咤するとき、それは不正にたいする抵抗の意味をもつ。また、天候や世相一般について「いなげな」というときは、危機感の表現だった――。

＊

「いなげな」は、宮本常一がすくいあげた東北地方の「残酷」とはまた違ったニュアンスを漂わせる言葉ですが、感情そのものが歩きだしそうな、まさにふくよかで生き生きとした民俗的感情を表わした言葉だと思います。

幕間

感情的会話 その2

感情B 民俗学者の人は、ずいぶんむずかしい話をしているみたいですね。

感情A そうかなあ。なんかぼくたちの周りを、ぐるぐる回っているだけのようにもみえるけど。それにぼくたちのことに気づいてないみたいだし。

感情B それにしてもぼくたちはどこでこんな話をしてるんでしょう?

感情A 民俗学者がいうには、こころでもからだでもないどこかで。

感情B それをたぶん「民俗」というのでしょうね。

感情A きみだってだいぶ皮肉っぽくなってきましたね。

ただ、ぼくたちがこころやからだとは違う場所にいること、違うところから生まれたというのはいいところを突いているような気がする。

感情B それよりもぼくらをもっと、実体がある存在としてとらえてほしいと思いませんか？

感情A それとやはり多様性です。

感情B やっぱりそこにきますよね。

感情A 「泣く」ことや「笑う」ことの正体を探ろうとするのもいいですが、〝正体探し〟って結局、河童を探すのと同じで、あんまり意味がないんじゃないかと。

感情B 手厳しいですね。でも民俗学者の人は、「経験としての感情」みたいなことを、いってるんじゃないかと思うんですよ。

感情A それは、どういうことです？

感情B つまり、経験の伝承としての民俗学という意味です。

感情A 難解ですね。

感情B つまり、「感情の歴史」でも「感情の民俗」でもいいんですが、歴史学者や民俗学者は過去の経験にもとづいて考えるしかないんじゃないかということです。

感情A わからなくはない……。

感情B　そのいっぽうで民俗学者は、現在進行形の現象をあつかいたがる、あるいはあつかわないと意味がないと考えているんです。でも、感情も我々のように日々更新されているわけですよね。そこにジレンマが生じる。

感情A　少しだけ理解できたような気がするのは、お化けと妖怪と違って、ぼくたちはつねに変化の途上にあるし、民俗学者はぼくらの変化に追いつけない、ということでしょうか？

感情B　ざっくりいえばそうです。

＊

感情B　ですから前に、「感情のミイラ」って言葉を使いましたが、感情の民俗を考える際には、ミイラを手がかりにするのは、ひとつの有効な手段だと思えるんですよ。

みんな感情が存在すると考えている、あるいは信じている。でもその姿形はわからないし、そのものを捕まえることは困難だから、過去にだれかがつくった「ミイラ」を経験のよりどころにして、感情に接近せざるをえないということです。

感情A　なんとなくわかった気がしてきました。

わりと最近のことですが、どこかのお寺に伝わる人魚のミイラを、ご住職が科学的な分析に供したということがありました。その結果は想像どおりだったんですが、その結果をもって、人魚やミイラが解決したわけではない。こんな感じの理解でいいですか?

感情B　いい線までいってます。

感情A　えらそうですね。

感情B　ただたとえば、人魚のミイラを調べたところで、あたりまえのことですが、「妖怪一般」には近づけないし、ましてや「ミイラ一般」には近づくことはできない。ただし、人魚のミイラを科学的に分析し、その実体を解明しようとする努力は、決してむだではないと思うんです。

感情A　しかも、人魚のミイラを実物としても伝説としても伝承していたお寺のご住職が、解剖に消極的ではなかったという点が肝かもしれませんね。ミイラがなにでできているか、「成分」がなにであるかは想像にかたくなかったはずですが、それでもミイラを科学的調査に委ねたことに意味がある。

感情B　でも感情と人魚を同じように論じることができるのか。

感情A　ミイラを蒸しかえしたのはあなたのほうなんですが……。

＊

感情B　いずれにしてもぼくたちのことを民俗学からアプローチするのは、そんなに悪くはないと思います。

感情A　いまさらなにをフォローしてるんですか。でも、やっぱりぼくらは学問的にはむずい存在なんでしょうね。

感情B　うん、たしかに。ですからおそらくは、当事者研究が必要なんだと思います。

感情A　当事者研究？

感情B　感情である我々自身が、感情とはなにかについて研究し、調査するということです。

感情A　そんなことを『感情の民俗学』という本のなかで、感情であるぼくたちがいったら、身も蓋もない気がするんですがけど。

感情B　いやたぶん、民俗学者の人もそれぐらいわかっていると思います。

感情A　民俗学者を買いかぶりすぎてるような気がしないでもないですが、じつはこの本はまだ途中なんですからね。せっかくぼくたちのことを、ああでもない、こうでもないと考えてくれているんですから、最後までようすをみませんか。

感情B　わかりました。では当事者研究の予定を開けておいてください。

感情A　なんて答えたらいいのやら……。

III

感情はどこへ行くのか？

1 共感の時代？

「いいね」は共感なのか

いま他人に「共感する」こと、他者に「共感を抱く」ことを悪くいう人はいないと思います。でも、「共感」とは、いったいなになのでしょうか。

先ほども、私たち日本人にとっての感情の歴史を、SNSに装備された、共感や好意的反応を示すツールやアイコンから考えてみました。SNSを象徴する表現といえる「いいね」は、他の利用者の投稿にたいし、ボタンをクリック（タップ）することにより、共感の意志を示すことができる機能で、「Twitter（現・X）とInstagramでは「お気に入り」として、保存する機能をともないます。

Instagramではハートマーク（♥）をタップして「いいね」を表現しますが、Twitterでも2015年11月3日から、星マーク（★）の「お気に入り」からハートマークの「いいね」に変更されました。なおこの「いいね」は英語で「Like」、「お気に入り」は「Favorite」に相当するものです。

また、Facebookの「いいね！」ボタンは、親指を立てるサムズアップで表わされています。これは日本では一般的に「Good」を意味する指のしぐさだと認識されているため、親指を立てたこのアイコンに違和感を覚える人は少ないでしょう。

しかし、いま「親指」といっている手の第一指は、中世の日本では「おほゆび（大指）」と呼ばれ、江戸時代になると「おやゆび」の用例が現われるようになった。親指という呼びかたが定着したのは明治時代以後という、じつは比較的新しい時代からのことなのです。

日本ではいまでも、「霊柩車に出合ったら指を隠す」という習慣がみられます。そしてこれは、「親が早死にするから」だと説明されます。日本の民間習俗には、親指の爪のあいだから魂魄《こんぱく》が出入りするという伝承・俗信があり、「畏怖すべきことがあれば親指を握り隠すというのは、この部分が霊的なモノとの接触部分でありその侵入口と意識されていた」(常光徹『しぐさの民俗学』)のです。ですから、むやみに親指を立てて、「いいね!」や「Good」を表わすのは、日本人にとってじつは縁起でもないことだといえるのです。

また、ハートマークから連想される民俗学的考察に、お餅や握り飯は、心臓の形になぞらえているのではないかという柳田国男の説があります(『食物と心臓』)。日本の庶民は、取りだしてみたことがない心臓の形を、逆三角形や円錐形に思いえがいてきた。そこで、自分たちにとってもっとも重要で、もっとも神聖な食物を、心臓になぞらえてつくり、お餅や握り飯の形はそうした心情から来ていると柳田は考えたのでした。

こうした民俗的な感情にもとづき共感を表わす「いいね!」のボタンも、「おむすび」の形をしていたら、「「お気に入り」に入れて心にしまう」というニュアンスをもしかしたらもちえたかもしれません。

「シンクロニシティ」はあるのか

「共感=シンパシー」とともに、最近は「エンパシー」という言葉がもてはやされています。「エンパシー」は日本語訳がさまざまで、「共感力」と訳されたり、「感情移入」だと説明されたりもします。また、「エンパシー」こそが「共感」で、「シンパシー」は「同情」というべきだという人もいます。

　他者との関係性を表わす言葉で、このふたつより、少々スピリチュアルな印象が強い「シンクロニシティ」という言葉があります。もともとは心理学用語だった「シンクロニシティ」が、一般の人びとにも知られるようになったきっかけは、女性アイドルグループが歌ったヒット曲だったのではないでしょうか。

　２０１８年（平成30）４月に乃木坂46が20作目のシングルとして発売した「シンクロニシティ」（作詞：秋元康・作曲：シライシ紗トリ）は、白石麻衣さんがセンターを務めた曲で、第60回日本レコード大賞で大賞を受賞し、乃木坂46が出場した第70回ＮＨＫ紅白歌合戦でも披露されました。この曲が世に出るまでに、「シンクロニシティ」という言葉が、どれくらい知られていたかという調査があるのかないのか。

　明治大学情報コミュニケーション学部教授の石川幹人さんが、メタ超心理学研究室のウェブサイト内にある「超心理学講座――「超能力の科学」の歴史と現状」で、「シンクロニシティ」のくわしい解説をしているので紹介してみましょう。

*

シンクロニシティは「共時性」とも訳され、複数の出来事が非因果的に意味的関連を呈して同時に起きる（共起する）ことである。しかし、シンクロニシティの正確な理解はむずかしく、「出来事」「因果」「意味」「同時」とはなにかについて議論が必要で、解釈の余地が残されている理論である。

たとえば「花瓶が割れた」そのとき、「病院で祖母が亡くなった」というのがシンクロニシティであるとする。出来事というのは単純な物理現象ではなく、祖母が粘土からつくって大切にしていた花瓶（歴史性）が、突然奇妙な音とともに割れ（状況性）、居合わせた人びとが不吉に思った（体験）という事柄全体がひとつの出来事となる。

これがシンクロニシティである場合には、「花瓶が割れた」という出来事と、「病院で祖母が亡くなった」という出来事とのあいだに、通常の因果関係がない（いっぽうが他方の原因になっていたり、共通の原因から両者が派生していたりしない）必要がある。

因果から考えると、ふたつの出来事が同時におきたのはまったくの偶然であり、1日違っていても、1週間違ってもかまわない。因果関係がない代わりに、それらの出来事が

「共起する」ことに意味がある。花瓶という祖母の象徴が割れることは、形を失うことであり、ふたつの出来事を意味的関連が橋渡ししている。

シンクロニシティはそれがおきることにより、「意味」を生成しているととらえることができる。心理学者のカール・グスタフ・ユングは、「シンクロニシティに現われる意味は、もっぱら「元型（アーキタイプ）」である」と主張した。元型はユング心理学の中核概念で、「影」「アニマ」「老賢人」といった集合的無意識に由来する象徴である——。

＊

乃木坂46の歌詞では感情の「共鳴」が強調されていますが、心理学ではユングの「元型」や「集合的無意識」と結びつく概念のようです。シンクロニシティには、宗教未満の信仰に近い側面があるような気もしますが、感情のひとつのありかたなのでしょう。そして、それこそ共感によって裏打ちされたシンクロニシティ現象は、流行によって担保されているように思えもするのです。

「こころ（心）」の誕生と終焉

安田登さんは『あわいの力』で、人間の「心」の発生について考察しています。そこで展開されている考察は、感情がこれからどこに向かうのかという問いかけに、重要な示唆を与えてくれるものなので、安田さんの説をしばらく紹介していきたいと思います。

＊

人間は「心」を得たことで、「時間」というものの存在を知り、未来を変える力を手にした。ところが、人間は、時間の存在を知ることはできても、時間をコントロールすることはできない。生物としての人間の目の構造が、三次元までしか見えないようになっているため、人間がコントロールできるのは三次元までなのだ。

人間は「心」によって、過去・現在・未来という時間の流れを感知することができるようになったものの、時間そのものを見ることも、それをコントロールすることもできない。このため人間は、過去にたいする後悔や悲しみ、未来への不安や恐怖を感じるようになり、場合によっては、そうした感情に押しつぶされそうになっていった。

そんな「心」がもたらした副作用をなんとかしようとしたのが、中国では孔子（紀元前551～紀元前479、春秋時代）だった。孔子は、「心」が一般化した紀元前1000年ごろからわずか500年後に、「心」とのつきあいかたに苦しむ人びとのために、さまざまな教えを説いたのである。

孔子とほぼ同時期をインドで生きたのが釈迦（紀元前7世紀から5世紀のあいだに生きたとされる）であり、西洋・オリエントでは2人から500年遅れて、イエス・キリスト（紀元前4～紀元後28）が生まれた。

「心」の生んだ副作用をなんとかしようと立ちあがった。孔子と釈迦とイエスの思想には多くの共通点がある。しかしもっとも重要なのは、「信じる」ことが、3人の思想の基盤になっていることだ。

「信じる」という行為（信仰）は「文字」によって生まれたもので、そもそも文字じたいが、信仰をその基盤にしている。

人間は、「文字」があることで、過去を知ることができ、過去から現在への時間の流れを想像することで、未来という存在しない時間についても、思いをめぐらせることができるようになった。つまり、孔子と釈迦とイエスの考えかたは、時間と信仰がベースになっているのである。

＊

そうして安田さんは、「そろそろ「心」に代わるなにかが生まれないと、人類がいま直面する苦しみから逃れることはできません」といいます。「心」に代わるなにかが生まれたとき、「感情」も変わってしまうのではないか。安田さんによる「心の終焉」論をもう少しみていきましょう。

「文字」に代わるもの

安田さんは「心」の最大の欠陥は、時間の流れにたいして無力であることだといいます。人類はそれを補うような新しいなにかを得たとき、次のステージに進むことができるのではないか。そのためには、私たちは一度、「心」が生まれたときのことを、きちんとみすえたほうがいいとのべるのです。

「文字」を獲得した人類は、思考や言語を二次元で表現・記録することができるようになった。それによって、過去という時間を目で見ることができるようになり、時間の流れを間接的に感じることができるようになった。つまり、「文字」が「心」を生み、「時間」をつくりだし、「時間」を知った人類が感じるようになった不安と向きあうために、孔子や釈迦やイエスの思想が生まれたのです。ということは、「心」に代わるなにかが生まれるためには、「文字」に代わるなにかが、その前に生まれる必要があるということになる。「文字」に代わるなにかというのは、音楽や絵画といったものではありません。安田さんは「文字」が存在しなかったときには、だれも「文字」を想像できなかったように、いまの私たちにはまったく想像しえないなにかが生まれる必要があるというのです。

＊

本書の最初のほうで、感情はこころにあるのかからだにあるのか、あるいは感情はこころから生まれるのかからだから生まれるのかについて、さまざまな説を紹介しましたが、そもそも「こころ（心）」が終わってしまうかもしれない。そうするとやはり、感情は「からだ（体）」を中心にとらえたほうがいいのかというと、そんなに単純な話ではないように思えるのです。

感情はやはり、こころでもからだでもないどこかで生起している現象にちがいありません。

2 感情と公共

「いき」という公共圏

II部で紹介した九鬼周造の『「いき」の構造』で、私がじつはもっとも引っかかったのは、「公共圏」という言葉の使われかたでした。

「いき」に関係を有する主要な意味は「上品」、「派手《はで》」「渋味」などである。(略)「上品」や「派手」が存在様態として成立する公共圏は、「いき」や「渋味」が存在様態として成立する公共圏とは性質を異にしている。

（九鬼周造『「いき」の構造』）

公共圏はドイツの哲学者ユルゲン・ハーバーマス（１９２９〜）が、『公共性の構造転換』（原著は１９６２年）で提起した概念で、21世紀に入ってから「公共性」をめぐる論議で頻繁にもちだされている用語です。

ハーバーマスによると、「公共圏」は市場や政府組織とは領域を異にし、また経済的、国家的な仕組みとは独立して、市民の自由意思によって共同で意思決定し、連帯的な結合を形成、維持する領域だといいます。そして、「公共圏」がかたちづくられるには、自生的に成立した団体・組織・運動が、私的領域の共感を集約し、自立した個人が生活世界に根差してコミュニケーションをはかる場として機能することだとされます。

「公共圏」を「慣習」や「言い回し」、「特定の文化などを共有する集団」という意味にとるなら、社会学的な「トライブ」や、民俗学的な「世間」に該当するかもしれない。思想史の文脈からみても、九鬼の「公共圏」はハーバーマスの「公共圏」とは異なる概念とみるべきですが、私はふたつの「公共圏」を重ねあわせて考えたい誘惑に駆られるのです。

そしてその際に、九鬼的な「公共圏」はソーシャルメディアのなかに求めることができそうな気がするのです。

「いき」について考えた際にもたどりついた設問ですが、ソーシャルメディアは「一元的」なのか、「二元的」なのかを問うとき、その利用者たちはたぶん「二元的」だと答えるでしょう。しかし、既存のソーシャルメディアと、その利用・流通のされかたは、二元的可能性を排除する方向に向かっているような気がしてなりません。

つまり、現状のソーシャルメディアには、「運命によって「諦め」を得た「媚態」が「意気地」の自由に生きるのが「いき」である」といった意味での「いき」が決定的に欠けている。それは、ハーバーマス的な意味での「公共圏」が欠落していることと、軌を一にしているのではないでしょうか。

「いき」のうちの「諦め」したがって「無関心」は、世智辛《せちがら》い、つれない浮世の洗練を経て、すっきりした垢抜けした心、現実に対する独断的な執着を離れた瀟洒として未練のない恬淡無碍《てんたんむげ》の心である。「野暮は揉まれて粋となる」というのはこの謂《いい》にほかならない。婀娜《あだ》っぽい、かろらかな微笑の裏に、真摯な熱い涙のほのかな痕跡を見詰めたときに、はじめて「いき」の真相を把握し得たのである。

（同前）

九鬼周造の「いき」は、きわめて限定された世界での男女の感情のやりとり、あるいは一方的な感情のとりようについて、現象学的に分析したものです。しかし、ハーバーマスの公共概念を差しはさんでみると、感情にかんする非常に普遍性をおびた考察をしていることがわかります。

ソーシャルメディアで「いき」は生きるか

インターネット上のコミュニケーションにおいては、「いいね」に代表される共感によって、人と人とが短絡的につながり、結ばれあうことが可能であるかのように思われています。

しかし単なる共感には、「媚態」や「諦め」、あるいは「無関心」がもつ、否定的かつ積極的な可能性が入りこむ余地はない。ですからある意味で、「いいね」の対極にある「無関心」は、公共性が取りいれるべき、もっとも重要な現象なのではないでしょうか。

『「いき」の構造』を読むと、ソーシャルメディアをはじめとする目前のコミュニケーションのありかたに、「垢抜した心」や「真摯な熱い涙」が足りないことに気づきます。

生まれてはすぐ消えていく流行現象に、真摯な無関心を表明すること。二元性を獲得するためもがいているさま、共感にあらがうことの困難を表わすための「媚態」や「諦め」を、なにかしらのかたちでソーシャルメディアに実装できないものでしょうか。そのことはもちろん、感情の新しいかたちを模索することにほかなりません。

これからの社会を「いき」に生きていくうえで、「意気地」の自由を追求することが切実に求められていると私は思います。

不気味の谷

いまから半世紀以上前の1970年（昭和45）、東京工業大学の教授だった森政弘さんは、人間が人間に似たロボットにたいしてどのような反応を示すかについて、「不気味の谷」と題する論考を発表しました。

「不気味の谷」とは、容姿やしぐさを人間に似せていこうとするとき、ある程度までは親近感を増していくが、人間にかなり近づいたところまでくると、不気味さや嫌悪感が生まれ、この境を越えて人間に似せていくと、今度は急速に親近感が増すという現象です。その親近感を表わすグラフに、V字の谷が現われることからこのように呼ばれています。

いうまでもなくロボットの努力目標のひとつは人間そのものにあるのだから、その外観を、より人間らしくしようとする努力は所々方々で見うけられる。たとえば腕などは、鉄の丸棒にネジがたくさんついているものから脱皮（というよりも着皮）して、ふっくらと肉付きのあるはだ色のものになれば、相当に人間らしくなってくる。したがって親和感もそれに応じてあがってくるのは当然であろう。

（森政弘「不気味の谷」）

実際に人間に近いロボットの開発が進むことで、その存在と意味が重要性を増していき、ロボットの領域だけでなく、映画やゲームの分野でも脚光を浴びるようになっていきました。

この「不気味の谷」で私が思いうかべるのは、2019年（令和元）に、NHKを中心としたプロジェクトがつくりだした「AI美空ひばり」です。このプロジェクトは、国民的歌手・美空ひばりの残した音源や映像を、人工知能の「ディープラーニング」によって、歌いかたのパターンを解析し、デジタル映像と音声で再現するものでした。

AI美空ひばりは、NHKが「NHKスペシャル」で企画の経緯と完成までを放送したあと、大晦日の紅白歌合戦にも出場を果たします。しかし、その前後から議論がおこり、故人にたいする冒瀆だという意見が噴出したのでした。

ＡＩ美空ひばりはいったい、不気味の谷のどのあたりにいたのでしょう。彼女は容姿やしぐさが似ている、似ていないというのとは別のところで、道を踏みはずしてしまったのではないか。私たちに向かって歌い、私たちに向かって語りかけてくるものの、感情のありかがわからない。これはつまり、新しい技術にはそれにふさわしい、新しい感情様式が必要とされていることを示しているのかもしれません。

文楽人形をめぐる感情

人間はいっぽうで、人間ではないものが感情をあらわにしたとき、人間が表わした感情以上にこころを揺さぶられることがあります。しかも、それが伝統的な技術に裏づけされたものである場合には、感情の問題の複雑さをかいまみえるのです。

人形浄瑠璃（文楽）に登場する人形が、怒りをあらわにしたり、悲痛な状況に追いこまれてさめざめと泣いたりしたとき、私たちは人形にたいし、あるいは物語にたいして強い感動をおぼえます。これはいったい、どういう要因からおこることなのでしょうか。

森政弘さんの「不気味の谷」でもじつは、文楽人形についてふれられています。

文楽の人形というものは、至近距離で見れば、それほど人間との類似度は高いとは筆者には思われない。大きさにしろ、膚のきめにしろ装飾義手には及ばないといえよう。しかし、適度に離れて、たとえば観客席から眺めたような場合には、その寸法の絶対値などという要因は昇華され、逆に目や手の動きをも含めた総体的な類似度はきわめて人間に近いのではなかろうか。そして、それがかもし出す芸術に人間が酔うという事実からも、親和感は高い値（もちろん正の側の）にあるといってよいだろう。（同前）

また、自身から生まれる「笑い」を粘り強く観察した寺田寅彦も、「生ける人形」（1932年）という文章で、人形による感情表現について思いをめぐらせています。

われわれは人形が声を発しない事を知っている。しかし人形の表情の暗示によってそれが声を発してくれる事を要求している。その要求に適合しうべき声がどこかから聞こえてくるとすれば、その声はひとりでに人形に乗り移ってしまう。ところが、これが人間の役者の場合だとそうは行かない。われわれは人間が声を発しうることを知っている。のみならず、その声がどこから、どういうふうに聞こえなければならぬかを熟知し期待している。それが、ちがった見当から、ちがったふうに聞こえてくると、結果は当然幻滅であり矛盾である。これは自然なものと不自然なものとの衝突から生じる破綻である。要するにわれわれが人形の声を知らぬことがこの秘密のかぎであるのではないか。

（寺田寅彦「生ける人形」）

いまから数年前、私は文楽人形の感情表現を、VTuber（バーチャルYouTuber）のふるまいと比較して語ったことがあります（「VTuberと人形浄瑠璃は似てる？――流行の理由を畑中章宏が民俗学の視点で考察」２０１８年）。

VTuberの動きは、２Dのアニメーションと比べると、ややぎこちない感じがする。スムーズなアニメーションだったら、ここまでのムーブメントになっていないのではないか。VTuberがそこまで見越しているとしたら、システムとしてとてもよくできているし、伝統文化を踏まえているように感じたのでした。

VTuberのその動きが、古くから日本人に親しまれてきた人形芝居を思わせるからです。日本の芸能の中で一番古いとされているのが、人形を使って芝居する傀儡《くぐつ》。日本では古来、人形に何かを演じさせたり、表現させたりすることを好んでいた歴史があるんですよ。その最たるものが人形浄瑠璃。人形を使って喜怒哀楽の感情を表すのは、ある意味人間が演じるよりも高度なテクニックがいる。

（「VTuberと人形浄瑠璃は似てる？」）

ただ単に、ストーリーを伝えるだけなら実際の人間が演じたほうがリアルだし、感情移入がやすいはずです。それではなぜ人形浄瑠璃が、歌舞伎に匹敵するくらい人気を集め、現代に連綿と受け継がれているのでしょうか。それは人間が演じる生々しさ以上に、人形が表現する喜怒哀楽が、民衆の心に深く突きささったからだと思います。

VTuberの裏側にも、アバターを動かしている人がいる。そこが伝統的な人形浄瑠璃と通じる部分です。人形が袖を濡らして悲しむほうが、人間が悲しむ演技をするより心に訴えかけることもあるのです。

「もどき」と感情

民俗学者・折口信夫（1887〜1953）が提起した民俗学上・国文学上の重要な概念に「もどき」があります。

「もどき」は「○○もどき」といったように、名詞の下に付き、それに匹敵するほどのもの、それに似て非なるものなどを表わす言葉です。「もどき」は「擬き」とも書かれて、主体とは別の姿を装う「擬装」の意味で用いられ、「擬」の字は「擬える／なぞらえる」と訓じられることもあります。

折口によると「もどく」という動詞は、「反対する」「逆に出る」「批難する」などといった用語例をもちますが、古くはもっと広い意味をもつものでした（「翁の発生」『古代研究　民俗学篇第一』）。

たとえば演芸史のうえでは、「もどく」の意味として「物まねする」「説明する」、そこから派生して、「再説する」「説き和《やわら》げる」といった語義が加わっています。

民俗芸能で、「もどき」はまじめな演舞が済んだあと、装束や持ち物がやや壊れたかたちで登場し、前の舞をおどけた振りに変えて舞い、早く切りあげて引っこむものです。

仮面をまとうことにより、もともとあった主体の人格を別のものに変え、異界からこの世界にやってくるものを演じる。「もどき」は仮面による変装・仮装により、何者か（神や精霊）を演じること、そのことじたいを批評する存在なのです。

*

民俗芸能・伝統芸能におけるこうした「もどき」の役割、あるいは属性は、インターネット上でも見いだすことができます。

たとえばバーチャル空間における「アバター」を、民俗的な仮装・変装になぞらえるのはたやすいことでしょう。しかし、「もどき」の仮装とその批評性から思いうかべるべきなのは、VTuberや、その派生形のひとつである「バ美肉」ではないでしょうか。

「バ美肉」は「バーチャル美少女受肉」、あるいは「バーチャル美少女セルフ受肉」の略称で、バーチャル空間の美少女となり、VTuberやバーチャルアイドルとして活動するものです。

VTuberの世界では演者のことを「魂」、キャラクターの絵や3Dモデルのことを「肉体」、絵や3Dモデルを手に入れることを「受肉」といいます。つまり、ここでいう「受肉」は「肉体（アバター）を手に入れる」ことなのですが、バ美肉では「受肉」はまた別の意味をもちます。ボイスチェンジャーなどを使用して、おとなの男性VTuberが女性としてふるまうことなのです。ほとんどのVTuberは、魂と肉体の性別が同じなのですが、２０１７年（平成29）の秋頃に、肉体は女性、魂と声は男性という属性のVTuber（「じゃロリ狐娘YouTuberおじさん」）が登場したのです。

発声は男性のままで、男性でも美少女になれることを示したバ美肉おじさんは、デジタル領域におけるアバターにたいして批評的にふるまうことにより、「もどき」の役割を果たしているといえるのではないでしょうか。

しかも、彼ら（彼女ら）の活動の場が、社寺の境内や村里の広場、能や歌舞伎の舞台といった民俗的現実ではなく、バーチャル空間であるために、その存在じたいが二重性、重層性を帯びるのです。

彼ら（彼女ら）の仮装は擬装なのか、あるいはリアルな実態なのか。

バ美肉がもつ受肉のありかたは、民俗芸能における神や精霊への変身、伝統芸能における「女形《おやま》」への仮装とは異なる変容のしかただといえそうです。アバターという「もどき」をさらに「もどく」ことは、テクノロジーを利用しつつ、テクノロジー上の存在を批評することで成立するという、問題意識に富んだ表現行為だと思います。

さらにいうと、バ美肉は「分人」なのか、バ美肉が抱く感情はどこに属するのかといった問題もあります。性別が異なる他者をもどくバ美肉の感情は、感情の新たな位相なのかもしれません。

ＡＩにたいする恐怖

ＡＩや人工頭脳に感情はあるのか、それ以前にＡＩに感情は必要かといったことは、ずっと以前から問われてきました。

ＡＩはそもそも、なにかしらのかたちで人間に寄与すること、人間の労働を補完することを目的として創造、製作されたものです。ですから、人工知能はつねに人間に従順か、という命題を立てることができます。たとえば数年前に、ＡＩアシスタント「アレクサ（Alexa）」を搭載した「アマゾン・エコー（Amazon Echo）」をめぐり、こんな出来事が報じられたことがありました。

アレクサは通常、ユーザーが声をかけて指示すると、音楽の再生、天気やニュースの読みあげ、アラームの設定、オーディオブックの再生などをおこなう、忠実な人工知能のはずです。そんなＡＩアシスタントが前触れもなく、突然奇妙な笑い声をあげるという不具合が、ＳＮＳにいくつも投稿されたのです。アメリカを中心にした報告によると、アレクサは、ふだんとはちがう甲高い女性の声で笑いはじめたといいます。

こうした現象はＡＩの「バグ」にもとづくもので、短期間のうちに解決をみました。しかし、アレクサの笑い声は、機械的、機能的なバグにすぎなかったのでしょうか。それをなにかしらの感情表現ととらえることはできないか。アレクサが発した音を笑い声だと認識し、それに恐怖を抱いた時点で、人間と機械のあいだに思いがけない感情の交流がはかられていたはずなのです。

＊

人間の労働を補完する機械・道具である、お掃除ロボットに感情があるのかという問いを立ててみましょう。

クルクル回って室内を清掃するようす、家人がいないあいだでも目的を果たしてくれるけなげな行動などから、お掃除ロボット「ルンバ」は、持ち主からペットや家族のような愛情を注がれています。そんなルンバが開いた玄関から飛びだし、路上をうろついている状態のことを、「家出」「脱走」などと呼び、迷子になったお掃除ロボットを探すようすが、一時期ネット上でよくみかけました。

ＡＩは、人間の暮らしを効率的にはかどらせるため、利便性を目的に、人間が「発明」したものです。こうしたＡＩやＡＩを搭載した機器が、人間生活を脅かす妖怪になっていくことはないのでしょうか。

妖怪が存在する理由には、腑に落ちない感情や、割りきれない想いを合理化するという機能がありました。たびかさなる災害、貧困や労苦、身近な人びとの死などを乗り越えて、感情をコントロールして生きていくために、妖怪や怪異は発見・発明されたのです。妖怪はつまり、民俗生活の合理化、効率化をはかるために私たちの前に現われる。

つくられてから１００年経った道具には魂が宿り、「付喪神《つくもがみ》」として、人の心を惑わすようになるのだといいます。もし壊れたルンバが捨てられたとき、ペットのように供養しないと怨まれる、あるいは呪われると考えても不思議はないですし、生前にはかった交流・交遊を、むげにするものではないと私は思います。

新しい感情か、伝統的感情か

アレクサやルンバとのあいだに、私たちが感情の交流がはかられたかどうかについては、もちろん議論の余地があります。それ以外の日常的に湧きおこった感情にしても、それがこれまでにない新しい感情なのか、伝統的な感情なのかの判断に迷うケースがあります。そうしたなかからふたつの例を挙げてみましょう。

＊

２０１６年（平成28）に、私は「景観認知症」と題して、都市のなかにできた更地に、どのような建物が建っていたのか記憶を呼びもどせないことについて書いたことがあります。

それまでに何千回となく通ってきた道のかたわらが、更地になっていた。ところが、その更地にどんな建物があったのか、まったく思いだせない。たしかにそこにはなにか建物が建っていたはずなのに。飲食店やコンビニが入居していたビルなら、たぶん印象に残っているはずだろう。しかし、20年以上も自分の視野に入っていたのに、何階建てで、なにか営まれていたのか思いだせないのだ。

Googleストリートビューで住所を検索すると、そこにかつてあった建物が映しだされた。その瞬間に、私は声にならない声をあげたことでしょう。

2階建ての古い建物で、看板には「〇〇自動車工業 中古車販売 民間車検工場」と書かれている。私はクルマに乗らないので利用したことのない建物だったものの、なかなか味のあるファサードで、これまで気にとめたことがなかったことを深く恥じたのでした。

身近な風景に自分が愛着をもっていなかったこと、視覚が鈍かったこと、または記憶の心もとなさへの落胆が入りまじった、もやもやした悲しみが湧いてきたのです。

私はこうした経験にたいし、「景観認知症」という名前を与えることで、感情を整理して自分のなかに位置づけるとともに、普遍性をもたせようとしたのでした。

*

もうひとつは、2011年（平成23）3月におこった、東日本大震災をめぐる感情です。「失《う》せ物《もの》絵馬《えま》」といって、漁船の上から金物などを海中に落としてしまったとき、その落とした物を描いて神社に納めるという東北三陸沿岸の習俗があります。

その絵馬のほとんどは、半紙や障子紙、画用紙などに、筆や鉛筆、サインペンなどで、包丁・錨・小刀などを描き、現代だと、船外機やスクリューといった大型の機械類もある。

こうした紙絵馬を奉納するのは、三陸の海に住む龍神（龍王）が金属を忌避するという信仰にもとづくもので、陸《おか》に上がったら何をおいても、失せ物を描いて納めるのだといいます。失せ物をすみやかに報告し、謝罪しないと、龍神の怒りに触れ、豊漁が望めないと考えるのが絵馬を奉納する最たる理由なのですが、落とした物を絵に託し、気持ちの切り替えをはかることでもあるようです。いっぽうで「失せ物絵馬」は、失くしたものを忘れてしまいうことにあらがう、「遺失物の記憶装置」なのではないか。失ってしまったことにたいする後悔、あのとき、あんなふうにしておけば大事なものをなくしてしまわなかったという悔恨の情を描きとめてもいるのでしょう。

大震災から月日を重ねるたび、記憶の風化が取りざたされて、「忘れてはいけない」「思いだすべきである」という人がいます。そのいっぽうで、「震災のことは早く忘れて前に進め」とうながす人びともいる。

赤塚不二夫の漫画「天才バカボン」に登場するバカボンのパパがいった、「忘れようとしても思いだせない」という不条理発言があります（これはじつは、上方漫才コンビ「唄子・啓助」の鳳啓助のギャグだったものです）。記憶を忘却し、記憶を失ってしまうことにたいする不安を、これほど的確に表わした言葉は、ほかにはあまりないのではないでしょうか。

「忘れようとしても思いだせない」を、「忘却しようとしても、なにを忘却すべきかを思いおこすことができない」というふうに解釈をする人もいます。しかし、それにしても胸をざわめかせ、心を落ちつかなくさせる、まさに感情的な言葉だと思います。「景観認知症」も、「失せ物絵馬」に託する思いも、記憶をめぐる名状しがたい感情ですが、古くて新しく、新しくて古い民俗的感情だといっておくことができそうです。

「感情」と現代美術

私たちにとって大きな問題である「感情」は、現代の先端的な表現領域でどのようにあつかわれ、表現されているのでしょうか。

「民俗」と「芸術（アート）」の関係について考えようとする際にも、民俗学が対象としてきた「心意現象」に含まれる、妖怪・幽霊・兆・占・禁・呪、民間療法といった民俗的感情が、表現の世界でどのようにとらえられてきたかを、問いなおす必要があります。かつての妖怪や幽霊、禁（忌）や呪（術）がそうだったように、現在では、差別やレイシズム、ジェンダー、マイノリティ、ナショナリズムといった心意現象が、現代美術の課題として立ちはだかっているのです。

藤井光さんは、「感情史として現代美術」に取りくんできた現代美術家・映像作家で、たとえば水戸芸術館現代美術ギャラリーで2021年（令和3）に開催されたグループ展「3・11とアーティスト：10年目の想像」に展示した「あかい線に分けられたクラス」という作品も、差別という感情の形成とその複雑さを主題にしたものでした。

＊

1968年4月におこった公民権運動の指導者キング牧師の暗殺事件の直後に、ジェーン・エリオットという教師がおこなったワークショップ「青い目・茶色い目」を、藤井さんは東日本大震災の原発事故後の状況におきかえたのです。福島第一原子力発電所所在地の隣県、茨城県水戸市の小学校に通う児童を、あかい線の内側（ゾーン＝圏内）に住んでいるか否かで、「いい子」と「悪い子」に教師が振りわける。その翌日には、ゾーンの内側と外側の評価を逆にして、「いい子」と「悪い子」をまた振りわける――。

＊

原発事故によってもたらされた差別をはじめ、他人を汚れている（ケガレている）とみなしたり排除したりする感情は、どのように生まれるのか。また、私たちはこうした感情から逃れることができるのか。

現代の世界の各地に遍在し、コロナ禍にも露出した差別感情の社会性や歴史性を藤井さんは問うているのでしょう。

3 感情をつくる

「エモい」を超えて

日本語における感情（感動）表現にかんする形容詞で、近年に新造されて普及したものに「エモい」があります。

英語の「emotion」（感情や感動）を形容詞化したこの造語は、まさに感動的、感情的としか表わしえない、心の動きを指すために用いられてきました。なにかしらの対象に「心が揺さぶられた」ことで生まれる、名状しがたい情動を示す言葉として私も使ったことがあります。

国語辞典編纂者で『三省堂国語辞典』編集委員の飯間浩明さんが、2022年（令和4）12月に投稿したツイートによると、三省堂が選んだ「今年の新語2016」の選評で、2位の「エモい」を、「古代の「あはれ」はこれとほとんど同じ用法を持つ」と評価していたそうです。


2位の「エモい」は、エモーショナル、つまり感情が高まった状態になっていることを表す形容詞です。2006年に出た『みんなで国語辞典』（大修館書店）には〈感情的だったりテンションが高くなっている状態〉として報告されているので、遅くとも10年前には使われていたことが分かります。

ただし、知られたことばではありませんでした。『現代用語の基礎知識』が掲載するのは10年版からで、しかも12年版からはパンクロックの一種、エモーショナル・ハードコアの略称「エモ」の形容詞形として載るに止まりました。15年版から〈「ヤバい」を越える感動や感激の気持ちを表す〉としてまた載るようになりました。（略）「エモい」は、感動・寂しさ・懐かしさなど、漠然としたいろいろな感情表現に使われます。古代には、これとほとんど同じ用法を持った「あはれ」ということばがありました。「いとあはれ」と言っていた昔の宮廷人は、今の時代に生まれたら、さしずめ「超エモい」と表現するはずです。
（三省堂「今年の新語2016」選評）

飯間さんによると、メディアアーティストの落合陽一さんが「エモい」と「あはれ」を関連づけていることを知り、「エモい」の用法の解釈を間違っていなかったという気持ちを強くしたといいます。

落合さんが「エモい」の最初期の使い手だったことについて、飯間さんは、コラムニスト・荒川和久さんの『超ソロ社会「独身大国・日本」の衝撃』（2017年）によっているようです。荒川さんは「エモい」について、落合さんの定義がいちばんわかりやすいとして、次のように説明しています。

彼（落合陽一：引用者）によれば、「エモいとは、ロジカルの対極にある、一見ムダなもの。〝もののあはれ〟や〝いとをかし〟だという。〝いとをかし〟とは、枕草子で有名な「非常に興味深い」と訳されるが、そのほかにも、「美しい」「趣がある」「すばらしい」など多くの意味を持つ奥深い言葉である。なんとなく感じる部分があるのではないだろうか。ロジカルの対極にある以上、この言葉の説明自体が野暮というものである。

（荒川和久『超ソロ社会「独身大国・日本」の衝撃』）

こうした「エモい」考とは別に、安田登さんも、「あはれ」について独自の考察を展開しています。

安田さんによると、内臓が「ぐわっ」と動いてしまう感覚、「スプランクニゾマイ」は、日本語では「憐れみ」と訳され、日本語の「憐れみ」は、古語の「あはれ」からきている。また、「あはれ」という言葉は、「あは」に接尾語の「れ」がついた言葉で、この「あは」は「ああ」、つまり「溜め息」のことだといいます。

私などは、「エモい」が形容詞化、言語化される以前の溜め息だと仮定すると、妙に納得して、「あは」という溜め息が出てしまいそうです。

「推し」と「尊い」

この数年のうちに、特別に評価したい、応援したい対象を挙げたり、そうした対象となる人やモノなどを意味したりする、「推し」という言葉が広まりました。また、「推し」を推したり、「推し」の魅力を広めることを「推し活」といい、推しも、推し活も、主体的で自由な感情表現や行動様式として、制度や組織に拘束されない民俗を生みだしています。また同じように、「尊い」という言葉も広くいきわたっていて、対象のすばらしさにたいし、あたかも信仰心のような感情を抱いている状態を指す言葉だといえます。

私たちの生活感情は長きにわたって、組織的・制度的な「宗教」によって束縛されていませんでした。また一見、宗教的にみえる習俗・信仰でも、それについては「宗教以前」と呼ぶべき感情だという見方もあります。それではいったい、私たちは組織的・制度的な宗教に束縛されるようになったのでしょう。

日本の支配階級や知識層のあいだに宗教が欠かせないものとなったのは、6世紀半ばの仏教伝来にはじまります。列島古来の「カミ」に、確固たる教義をもつ仏教が形を与え、神社の社域や社殿の整備に力を貸すことになりました。こうした現象を「神仏習合」と呼びます。

神仏習合は知識層のあいだで理論化されていき、「本地垂迹説《ほんじすいじゃく》（神は仏が世の人を救うために姿を変えてこの世に現れたという説）」を生みだします。また、私たちにたいしては聖《ひじり》、山伏《やまぶし》、祈禱師といった人びとが媒介となり、宗教がじわじわと浸透していきました。

＊

仏教伝来以降、南都仏教、密教、浄土教、鎌倉仏教、またそれらの一部と習合した神々（明神《みょうじん》・権現《ごんげん》）を、一族の繁栄や戦勝祈願のために信仰し、経済的援助を施したのはもっぱら天皇家、貴族、武家武将らでした。

いっぽう、村落共同体単位でおこなわれるような祭の目的は、生産高の向上を願うことや（五穀豊穣や雨乞い）、地域に感染症が流行しないこと（疫病退散）などがおもでした。家ごとに祀られる「座敷の神」や「土間の神」は、神道以前の「カミ」であり、祖霊は仏教以前の「ホトケ」だったのです。

私たちが宗教のただなかにおかれるようになったのは、江戸時代に寺請制度が定められてからのことです。この制度は、ひとりひとりがキリシタンや禁制宗派の信徒ではなく、寺院の檀家であることを檀那寺《だんなでら》に証明させるものであり、住居の移転、奉公、結婚、旅行などの際には、檀那寺が発行する証文が必要とされることになります。また、寺院への所属は、それ以前から兆しをみせていた、葬式仏教を確立させることになりました。

しかし、私たちはこうした制度の確立によって、内面まで宗教化されたわけではありません。共同体でも、家庭でも、個人でも、それまでと変わらず宗教以前のカミやホトケを信心しつづけた。また、年齢の階梯、性別、職能ごとに「組」や「講」に属したり、レクリエーションとして各地の社寺を巡拝したりしたのです。

その際の神仏にたいする、私たち庶民の感情は、現代の流行語である「推し」や「尊い」に近いものだったのではないでしょうか。

「宗教以降」の感情

明治に時代が変わり、権力を掌握した新政府は神道の国教化を推進するため、「神仏分離令（神仏判然令）」を発して、神社から仏教的要素を除去します。また、祭祀と宗教の分離がおこなわれ、神道が非宗教、超宗教の国家祭祀とされました。政府は神社神道を国家の宗祀とし、社格を制定して、皇室の祖神天照大神を祀る伊勢神宮を全神社の本宗と定めたのです。さらに、天皇・皇后の「御真影」が各学校へ配布され、礼拝の対象となる。つまり日本の近代は、宗教以前を管理し、国家神道を強制するようになったのでした。

敗戦後の１９４５年（昭和20）12月、ＧＨＱは「神道指令」を発し、国家神道の廃止と政治と宗教の分離を命じます。また、日本国憲法でも、「信教の自由は、何人に対してもこれを保障する」(第20条)と定められたものの、私たちの生活に宗教は深く浸透しつづけているのです。

しかし、私たちもかつては、「伊勢推し」や「金比羅押し」、「地蔵が尊い」、「観音様が尊い」といったふうに、宗教以前の感情で神仏と接し、社寺や神仏と交流していたのではないでしょうか。

さまざまなイデオロギーに束縛されている現在、「推し」のような、ゆるやかな感情をもとにしたつながり、「尊い」のように、一瞬にして消えさるような他愛ない感情を大切にすることに、感情の可能性を見いだしたいと思うのです。

「感情」にたいするうしろめたさ

私はここまでただ贅言をつくし、「感情」をもてあそびすぎたかもしれません。ですから少しばかり、「感情」にたいして、うしろめたい感情があります。「感情」は結局、つかまえようとすると逃げていく、そんな存在のような気がします。

しかも、感情は決して喜怒哀楽といった言葉に収斂させることはできず、泣くことや、笑うことや、怒ることとは違うところにいるのかもしれないのです。

東北地方の「残酷」、広島弁の「いなげな」といった感情は、喜怒哀楽のどこにも属していませんし、こころやからだといったところから表出されるものでもなく、民俗としかいいえない、さまざまな境界で生まれる、境界的な存在なのではないか、とここではいいとどめておくことにしましょう。

終幕

感情的会話 その3

感情A 民俗学者の人の話は、いちおう終わったみたいです。

感情B 率直にいってどうでしたか?

感情A まだぼくたちのことをつかみかねている印象ですかねえ。

感情B 当事者研究の成果も反映されていませんしねえ。

感情A 結局あれから、当事者研究しましたっけ?

感情B さあ。

感情A でも感情の当事者研究は本当に必要だと思うんですけどね。今回の本で民俗学者の人は、ぼくたちはいったいなにものかを問うことからはじめたわけですから、次の本ではそうした視点から、またぼくたちのことを取りあげてくれるんじゃないかと。

感情B　ただ民俗学者の人が、ぼくたちの実体を把握できていないようなんですけどね。

感情A　彼の頭のなかを推しはかるなら、「感情は民俗学が得意とする領分だった」というのが、最初にいいたかったことなんでしょう。そのことはなんとなくわかったような気がします。ただし、その次にしてほしかった「現代の感情」の分析・解釈が、そんなに行きとどいていなかったかなあと。

感情B　それ以前に、『感情の民俗学』と銘打つからには、その歴史を明らかにしたあとに、理論と方法を示してもらいたかった。そうしたらぼくたちの対処のしかたも変わってきたと思うんです。

感情A　変わってきましたかねえ。

感情B　もちろん、理論と方法次第ではあったでしょうけど。

感情A　それでは民俗学者の人に『感情民俗学の理論と方法』という本を書くように頼みましょう。

感情B　民俗学者の人と知り合いだったんですか？

感情A　いやX（旧・Twitter）にメールアドレスを載せているみたいだったんで。

感情B　いきなり頼んで相手にしてくれますかねえ。

感情A　事前の了解もなく、勝手にぼくらを材料にして本を書いてるんですから、別に失礼なことでもなんでもないでしょう。

＊

畑　中　お邪魔します。

感情A　どなたですか。

畑　中　民俗学者の人です。

感情B　ぼくたちのことを勝手に本にして失礼じゃないですか！

感情A　そんなにいきなりからまなくても。

畑　中　このたびは本当に失礼しました。

感情B　どういたしまして。

感情A　せっかくお目にかかれたんですから、いろいろ聞いてもいいですか。

畑　中　お手柔らかにお願いします。

感情B　大阪の人なんですか？

感情A　もっと重要な質問があるでしょう。

感情B　ではのちほど。

感情A　そもそもなぜぼくたちのことを取りあげようと思ったんでしょう。

畑　中　まずなにより、「感情は民俗学によってしか召喚できない」ということを示したかったんです。

感情B　召喚ですか？

畑　中　ええ。現にいまこうして、みなさんと会うことができましたよね。たぶん民俗学者をやっていないと、こんな機会はないと思います。

感情A　たしかに歴史学者や社会学者、人類学者の人とは会ったことがないかも。

感情B　どうかなあ。そういいきれるかなあ。

畑　中　でもほかの学問研究をしているかたは、感情を「実体」としてとらえていないと思います。

感情A　河童や天狗を実体としてとらえたように、ということですよね。

感情B　じゃあ、あなたの目の前にいるぼくたちを、あなたは実体と認識してるんですか。

畑中　そういうふうに認識しているつもりなんですが。

感情A　「実体としての感情」について、もう少しくわしく知りたいですねえ。

畑中　ただ初対面のみなさんに聞くのはなんなんですが、みなさんは人間の感情なんですか？

感情B　さあ、どうだろう。いちおうそのつもりでいるんですけど。

畑中　この本でふれられなかったことのひとつに、人間の感情と、それ以外のなにかがもつ感情についてだったんですね。

感情A　AIの感情についてはふれていますよね。

畑中　ただ、ほかに人間以外の生物、動物や植物がもつ感情については、ふれられませんでした。それらの感情も民俗学的だったんですが。

感情A　話が広がりすぎそうでね。

畑　中　でも「実体としての感情」ということについて考えようとしたとき、その点は避けられなかったはずなんです。ですから力およばずというか、また別の機会にでもと。

感情B　たしかにぼくらは「感情一般」を代表できるわけでもない。

感情A　いま「感情一般」という言葉ができましたけど、「感情」の範疇をどこまで拡張できると思っているんでしょうか。

畑　中　それ以前に、「感情」が先か、「感情」をもつものが先かといいかえてもいいかもしれません。

感情B　意識とか自然についてなら、これまでもそんな議論はされてきたような気がします。

畑　中　「感情」について考えることが、きわめて「感情的」な現象、あるいは事態だとするなら、まず「感情」ありきなんじゃないかと。

感情A　つまり世界は「感情」が支配しているとでも。

畑　中　はい。すべての現象や事態は「感情」の思うがままである、といってもいいと思うんです。

感情B　話をはぐらかしていませんか。

畑　中　『感情民俗学の理論と方法』では、そのへんから論じるつもりです。それには「感情」であるみなさんの当事者研究に期待しています。「感情の当事者研究」をふまえることで、「感情」を抜きにして政治も経済も社会も歴史もなにも語ることができない、政治も経済も社会も歴史も「感情」を下部構造として生起しているということを明らかにすることができると思うんです。

感情A　わ、わかりました。

＊

感情A　ほかになにかいいたいことがあれば。

畑　中　この本で書いたことのなかには、『中日新聞』、『図書』、「現代ビジネス」、

感情B　「WIRED.Jp」そのほかに掲載した文章を書きあらためた部分があります。やっと「あとがき」らしくなってきましたね。

畑　中　でももう少し早めにみなさんと話せたら、もっと具体的な話ができたかもしれませんね。いずれにしても、民俗学につきあってくださった「感情」に感謝しています。

参考・引用文献一覧

◆荒川和久『超ソロ社会――「独身大国・日本」の衝撃』PHP新書、2017年
◆アレン、アンスガー著、上野正道監訳『否定の哲学 シニシズム』ニュートン新書、2022年
◆石川幹人『「超常現象」を本気で科学する』新潮新書、2014年
◆大平英樹編『感情心理学・入門』有斐閣アルマ、2010年
◆荻原稚佳子『日本語コミュニケーションに関するFAQ――異文化摩擦の最前線から』研究社、2023年
◆折口信夫「翁の発生」、折口信夫全集刊行会編『折口信夫全集2　古代研究（民俗学篇第1）』中央公論社、1995年
◆木村大治『共在感覚――アフリカの二つの社会における言語的相互行為から』京都大学学術出版会、2003年
◆九鬼周造『「いき」の構造』岩波文庫、1979年
◆源河亨『感情の哲学入門講義』慶應義塾大学出版会、2021年
◆コルバン、アラン・クルティーヌ、ジャン＝ジャック・ヴィガレロ、ジョルジュ監修、小倉孝誠監訳『感情の歴史』I～III、藤原書店、2020～2021年

◆齋藤純一『思考のフロンティア　公共性』岩波書店、2005年
◆高取正男『民俗のこころ』朝日新聞社、1972年
◆常光徹『しぐさの民俗学』角川ソフィア文庫、2016年
◆寺田寅彦「笑い」、小宮豊隆編『寺田寅彦随筆集　第1巻』岩波文庫、1947年
◆寺田寅彦「怪異考」、小宮豊隆編『寺田寅彦随筆集　第2巻』岩波文庫、1947年
◆寺田寅彦「生ける人形」、小宮豊隆編『寺田寅彦随筆集　第3巻』岩波文庫、1948年
◆戸井田道三『演技――生活のなかの表現行為』紀伊國屋新書、1963年
◆ドミニク・チェン『未来をつくる言葉――わかりあえなさをつなぐために』新潮社、2020年
◆西原克成『内臓が生みだす心』NHKブックス、2002年
◆ハイド、マギー著、鏡リュウジ訳『ユングと占星術』青土社、1999年
◆橋川文三「広島弁の弁」、橋川文三著、神島二郎・鶴見俊輔編『橋川文三著作集8』筑摩書房、1986年
◆畑中章宏『災害と妖怪――柳田国男と歩く日本の天変地異』亜紀書房、2012年
◆畑中章宏『先祖と日本人――戦後と災後のフォークロア』日本評論社、2014年
◆畑中章宏『21世紀の民俗学』KADOKAWA、2017年
◆畑中章宏『死者の民主主義』トランスビュー、2019年
◆畑中章宏『廃仏毀釈――寺院・仏像破壊の真実』ちくま新書、2021年
◆畑中章宏『医療民俗学序説――日本人は厄災とどう向き合ってきたか』春秋社、2021年
◆畑中章宏『今を生きる思想　宮本常一――歴史は庶民がつくる』講談社現代新書、2023年
◆畑中章宏『関東大震災――その100年の呪縛』幻冬舎新書、2023年

◆ハーン、ラフカディオ著、池田雅之訳『新編　日本の面影』角川ソフィア文庫、2000年
◆樋口和憲『笑いと日本文化——「烏滸の者」はどこへ消えたのか?』東海教育研究所、2013年
◆平野啓一郎『私とは何か——「個人」から「分人」へ』講談社現代新書、2012年
◆廣瀬涼「「ぴえん」とは何だったのか」『ニッセイ基礎研REPORT』2月号287号、ニッセイ基礎研究所、2021年
◆フーコー、ミシェル著、中山元訳『真理とディスクール——パレーシア講義』筑摩書房、2002年
◆プランパー、ヤン著、森田直子監訳『感情史の始まり』みすず書房、2020年
◆見田宗介「解説」『新編　柳田国男集第4巻』筑摩書房、1978年
◆見田宗介『近代日本の心情の歴史——流行歌の社会心理史』講談社学術文庫、1978年
◆宮田登「伝統社会の公と私」、河合隼雄・中沢新一編『現代日本文化論1　私とは何か』岩波書店、1998年
◆宮野真生子『出逢いのあわい——九鬼周造における存在論理学と邂逅の倫理』Nύξ叢書、堀之内出版、2019年
◆宮本常一『家郷の訓』岩波文庫、1984年
◆宮本常一『忘れられた日本人』岩波文庫、1984年
◆宮本常一・岡本太郎・深沢七郎「残酷ということ——『日本残酷物語』を中心に」『現代思想2011年11月臨時増刊号　総特集＝宮本常一　生活へのまなざし』青土社、2011年
◆森政弘「不気味の谷」『Energy』第7巻第4号、エッソスタンダード石油、1970年
◆安田登『あわいの力——「心の時代」の次を生きる』シリーズ22世紀を生きる、ミシマ社、2013年

◆柳田国男『不幸なる芸術・笑いの本願』岩波文庫、1979年
◆柳田国男「食物と心臓」、『柳田國男全集17』ちくま文庫、1990年
◆柳田国男「野草雑記」「野鳥雑記」「孤猿随筆」『柳田國男全集24』ちくま文庫、1990年
◆柳田国男「明治大正史世相篇」『柳田國男全集26』ちくま文庫、1990年
◆柳田国男監修、民俗学研究所編『民俗学辞典』東京堂出版、1951年
◆山口昌男『笑いと逸脱』筑摩書房、1984年
◆レヴィ＝ストロース、クロード著、中沢新一訳『火あぶりにされたサンタクロース』KADOKAWA、2016年
◆ローゼンワイン、バーバラ・H／クリスティアーニ、リッカルド著、伊東剛史・森田直子・小田原琳・舘葉月訳『感情史とは何か』岩波書店、2021年
◆若林恵、Quartz Japan編著『週刊だえん問答――コロナの迷宮』黒鳥社、2020年
◆渡辺弥生『感情の正体――発達心理学で気持ちをマネジメントする』ちくま新書、2019年

感情《かんじょう》の民俗学《みんぞくがく》

泣《な》くことと笑《わら》うことの正体《しょうたい》を求《もと》めて

2023年9月30日　初版第1刷発行

著者

畑中章宏

ブックデザイン

鈴木千佳子

発行人

永田和泉

発行所

株式会社イースト・プレス

〒101-0051　東京都千代田区神田神保町2-4-7　久月神田ビル

Tel.03-5213-4700　Fax.03-5213-4701

https://www.eastpress.co.jp

印刷所

中央精版印刷株式会社

ISBN 978-4-7816-2246-0